「強い経済」の正体

中間層再生への道を探る

蜂谷 隆 著

同時代社

はじめに――「強い経済」と弱い消費

「切れ目のない財政政策」――継続的な公共事業で支える。日本経済の現状を一言で表すとすればこんなところだろう。日本銀行による量的・質的金融緩和（「異次元緩和」）が失敗に終わり、今度は思い切った公共事業で高い成長を実現させようということのようだ。

しかし、ＧＤＰ（国内総生産）の６割を占める個人消費の低迷が続き経済に力強さはない。これはバブル経済崩壊以降の「停滞の20年」の中で、賃金を引き下げ、低賃金の非正規労働者を増やしたことで、中間層が崩壊しつつあるからだ。全体として低所得者層にシフトしていることが大きな要因になっている。特に若者にこの傾向が強い。そこから「将来への不安」が生まれる。

こうした日本経済が抱える根本的な問題に何らかのメスを入れない限り、日本経済の再生はないのではないか――こんな問題意識から本書を企画した。

改めて日本経済に関するデータを丹念に調べると、安倍晋三首相が打ち出したアベノミクスは、的外れであったことが分かる。安倍首相が政権を担ってから４年経て、円安から輸出企業が収益を上げ、株高となり一時的な「高揚感」もあったが、それも今は昔となった。「強い経済」、「デフレからの脱却」という呪文もむなしく響くばかりだ。

もっとも米国のトランプ次期大統領が打ち出すだろう政策への思惑から、2016年11月中旬以降、ドル高・株高・金利高になり、日本も円安・株高になるという「トランプ相場」効果が生まれている。自国の経済政策の失敗を他国の「想定外」の大統領就任が穴埋めしているわけで、皮肉としか言いようがない。

本書はまず安倍首相が目指す「強い経済」と成長指向、それを支える財政政策について論じている。特に公共事業を復権させ、大きな役割を持たせていることの問題を取り上げている（第1章）。続いてアベノミクスの看板だった「デフレからの脱却」とそのために行った異次元緩和がなぜ失敗に終わったのかについて解明している（第2章）。この問題をさらに深めると、日本銀行の中心的な考え方に近かったリフレ派といわれる人たちの理論的な誤りに問題があったことが分かる（第3章）。人口減少、グローバル経済への対応などさまざまな構造的な問題を抱えている日本経済を単純に「デフレ経済」と断じ、「デフレからの脱却」だけを唱える問題性を明らかにしている（第4章）。

日本経済の根源に横たわる問題は、消費の低迷に端的に表れているのではないか。このような問題意識から、消費の現状をひもとくと、物価上昇と低い賃上げで実質賃金が低下しているのだが、その後、実質賃金が上向いても消費低迷は続いている。根底にあるのは中間層の崩壊すなわち低所得化であり、特に若者の低所得化と貧困化である。人口減少から若者世代は減って人手不足になっているが、それでもなお、若者世代は低賃金で不安定な非正規労働者が増加している（第5章）。最後に日本経済活性化のためには中間層の再生が必要で、具体策として住宅費、教育費負担を軽減するために、持ち家制度からの転換と就学前教育・大学教育の無償化を提案している（第6章）。

もちろんこうしたことは中長期的な課題である。構造的な問題にメスを入れようとすれば時間がかかるのは当然だ。今日、明日の成長率ばかりを念頭に置く経済政策から中長期的に取り組む経済政策へと軸足を移す必要がある。アベノミクス第二ステージにはこうした問題意識が感じられるが、「名目ＧＤＰ６００兆円」という経済成長指向はいただけない。求められるのは「経済成長依存からの脱却」ではないだろうか。

なお、統計データなどは２０１６年11月末時点のものを使ったが、ＧＤＰ統計だけは12月に入ってから7─9月期2次速報が出され、推計方法の改定でデータが大幅に変更されたため、これを採用した。ただし新基準では１９９４年までしか遡っていないので、それ以前のものを含むデータに関しては統計の整合性から旧基準を使った。

目次

第2章 失敗した異次元緩和 51

第5章 消費低迷はなぜ続くのか ―― 133

第1章 「強い経済」

安倍晋三首相が、経済を語る時の前口上は「強い経済」と「デフレからの脱却」だ。ではその「強い経済」の中味は何かというと、かなりあいまいなのだが、あえて言えば「名目GDP600兆円達成」と「成長と分配の好循環」ではないか。そして、その前提となるのが「デフレからの脱却」で、全体をまとめる言葉が「アベノミクス」ということだろう。人々の耳の奥に記憶として残るフレーズを駆使しているだけでも「すごい政治家」には違いないが、言葉の使い方がうまいことと経済政策としての方向が正しいのか、あるいは成果を出したのかどうかは別の話である。

人々が思わず見上げる威勢の良い大きな花火を打ち上げるばかりで、多くの人々は足元を見れば、懐寒く将来を考えると「不安」が頭をよぎるというのが、実態ではないだろうか。

1　「強い国家」の空念仏

強い国家＝強い経済

「アベノミクスは新自由主義ではないんですか？」――筆者が講師となって日本経済について議論するある勉強会で、こんな質問が出た。「違います。新自由主義ではありません」と筆者は返答した。２０００年代前半の小泉政権の時は、竹中平蔵氏がブレーンとなって新自由主義的な政策を行った。「小泉構造改革」といってもてはやされた。新自由主義は最大限市場経済に委ねようという考え方（「市場原理主義」）で規制緩和を強調する。国の役割を限定的にするために民営化を促進、小さな政府を指向する。

安倍首相は、成長戦略で規制緩和に前向きで、新自由主義的な政策を採り入れている。しかし、小さな政府を指向しておらず、どちらかというと大きな政府を指向している。また、国がさまざまな点で経済に介入する安倍政権の手法は新自由主義的とはいえない。公共事業を軸とした財政出動に力を注ぎ、財政規模を拡大することをいとわない。社会保障費の増額抑制も行っているが、小泉政権のように「歳出削減ありき」ではない。どちらかといえば選挙を強く意識して「ばらまく」手法である。

それだけではない。政府が経済をコントロールしようとする。最低賃金を毎年3％ずつ上げるというのも、本来であれば労使の代表と公益委員による中央最低賃金審議会で決めるものなのだ。毎年、春闘での賃上げ要請も行っている。「官製春闘」という労働組合としては屈辱的な用語も生まれた。さらには、設備投資を2018年に年間80兆円台に乗せるという約束を経団連と交わし、引き換えに法人税率を20％台に引き下げた。法人税率を決めるのは政府だが、設備投資を行うのは個別の企業だ。いくら経団連会長が安倍首相に約束しても先々需要増の見込みがなければ設備投資は行わない。せいぜい経団連の役員企業が政府との付き合いを意識して工場の改修を行う程度だろう。かつては景気対策のために政府系企業である国鉄、電電公社、専売公社だけでなく、電力会社など影響力を有する企業に設備投資を行わせたこともあったが、民営化が進みこうした手法もむずかしくなった。

安倍首相の手法は、政府が持つ予算や人事権を最大限行使し、経済をコントロールしようというものである。最賃も賃上げも設備投資も国民の多数は歓迎する。こうしたテーマをうまく活用しているといえるだろう。

「二級国家にならない」

高い成長率を目指し「強い経済」をつくろうとする。これはどこからきているのだろうか。

成長率を高めないと社会保障など分配もできないという「成長信仰」からであることは間違いないが、それだけではない。安倍首相は２０１３年2月22日、米国・ワシントンで行われた「日本は戻ってきました」と題する英語の講演で、次のように発言している。

日本は今も、これからも、二級国家（"tier two"）にはなりません。それが、ここでわたしがいちばん言いたかったことであります。繰り返して申します。わたくしは、カムバックをいたしました。日本も、そうでなくてはなりません。[i]

一国の首相が、他国でわざわざ「二級国家ではない」と発言すること自体、内心二級国家と思っているのではないかと勘ぐりたくなるが、それはともかく、このあたりに安倍首相の政治姿勢の根っこがありそうだ。強い国家＝強い経済という図式である。強い国家のためには強い経済が必要。強い経済のためには経済成長率を高める必要があると考えているのだろう。「デフレからの脱却」には、こうした思いが込められているのかもしれない。

しかし、「強い経済」指向は世界の現実を直視するとかなりムリがある。表１－１はＧ７各国の名目ＧＤＰを１９９５年、２００５年と最新データである２０１４年を比較したものである。[ii] 日本の名目ＧＤＰの世界に占める比率は95年の17・３％から05年９・７％、14年５・９％

■表1-1:G7各国の名目GDP推移

金額の単位は100万ドル

	1995年	順位	比率(%)	2005年	順位	比率(%)	2014年	順位	比率(%)
米国	7,664,060	1	24.8	13,093,720	1	27.7	17,348,072	1	22.2
日本	5,333,927	2	17.3	4,571,867	2	9.7	4,602,419	3	5.9
ドイツ	2,591,447	3	8.4	2,861,339	3	6.1	3,868,291	4	5.0
フランス	1,609,794	4	5.2	2,418,949	5	5.1	2,988,893	5	3.8
イギリス	1,237,624	5	4.0	2,203,624	4	4.7	2,829,192	6	3.6
イタリア	1,171,250	6	3.8	1,853,466	7	3.9	2,141,161	8	2.7
カナダ	602,003	10	2.0	1,164,179	8	2.5	1,785,387	11	2.3
G7	20,210,105		65.5	28,167,144		59.6	35,563,415		45.6

出所:国連統計

と落ちている。この表には中国は掲載されていないが、95年は8位で世界のGDP比率で2・4%に過ぎなかったものが、05年には5位で4・8%、14年には2位に上昇、13・4%として存在感を高めている。世界経済の構図は大きく変化してきているのである。

しかも、表にもあるようにG7全体も世界におけるGDP比率を下げている。中国だけでなく、インド、ブラジルなどBRICsの比重が高まってきているため、先進国は相対的に下がっているのだ。

2030年、2050年には世界はどうなっているのだろうか。世界四大会計事務所のひとつであるPwCが15年2月に出した「The World in 2050」[iii]によると2030年にはトップは中国、3位にインド、5位にインドネシアと新興国の上位進出が目立つ。日本は4位である。2050年になると1位中国、2位インドとなる。4位インドネシア、5位ブラジルで日本は7位、ちなみに米国も3位となる。PwC

は２０３０年、２０５０年の世界のＧＤＰ（ここでは実質）を出していないので比率は分からないが、日本の比率はさらに下がることは間違いない。

いずれにしても先進国の比重は下がり、新興国が世界の中心になる流れが強まる。実際に新興国がどこまで伸びるかは分からないが、大きな流れは変わらないだろう。

これらからいえることは、世界経済における日本の位置の変化である。とすればおのずと経済のあり方も変わらざるを得ないはずである。日本はほぼすべての産業がそろっている。いわば「総合商社」、「デパート」のような形になっている。自動車、電機・電子、機械だけでなく、建設、化学、バイオなど、どの分野も世界の中でかなりの競争力を有している。

しかし、いつまでも「総合商社」、「デパート」でいられるだろうか。私立高校で野球、駅伝、ラグビー、サッカーなど、どの競技でもトップクラスで競うのは厳しい。次々と新興の私立高校が出てきて上位進出を狙っているからだ。であれば競技を絞って優秀な選手を育てる方が得策と考えるのは自然だろう。「選択と集中」と言っていいかもしれない。といって外れた競技は部活までやめることはない。時代の変化とともに入れ替わる可能性もあるからだ。日本もそろそろ時代に見合った戦略を考える時が来ているのではないか。

安倍首相の考えは、高い成長を誇り世界の中で大きな位置を占めていた90年代までの日本の幻影を追っているのである。

GDPを増やすためには何でもやる

安倍首相の姿勢は、GDPを増やすためには何でもやるというものだ。たとえば原発輸出。民主党政権時に合意したベトナムでの原発建設計画は、ベトナムの財政事情が厳しいことや現地での反対運動などで白紙撤回となった。こうした状況の中でも安倍政権は、原発輸出をねらってインドとの原子力協定に調印した。核拡散防止条約（NPT）未加盟の核保有国と協定を結ぶことは、日本の核政策からも問題が大きい。前年にすでに合意していた新幹線建設についても2018年着工、23年に完成で合意した。安倍首相はインドのモディ首相との会談後の記者会見で、こんなことを言っている。「『強いインド』は日本のためになり、『強い日本』はインドのためになる」。ここにも「強い」が顔をのぞかせている。

16年12月に成立させたカジノを含む統合型リゾート（IR）の整備推進法（「カジノ法」）も同じである。わずかでもGDPに寄与するものは採用する。「カジノ法」は、ギャンブル依存症の増加などの問題が指摘されている。安倍首相の国会での発言を聞いているとどこ吹く風である。

2　名目GDP600兆円達成は可能か

3%成長を5年続ける

強い経済の具体的な政策目標が「名目GDP600兆円達成」である。そのための包括的なプランとして「ニッポン一億総活躍プラン」が2016年2月に閣議決定された。成長と分配を好循環させることも強調されている。しかし、「ニッポン一億総活躍プラン」には次のように書かれている。

強い経済、「成長」の果実なくして、「分配」を続けることはできない。成長か分配か、どちらを重視するのかという長年の論争に終止符を打ち、「成長と分配の好循環」を創り上げる。これは、日本が他の先進国に先駆けて示す新たな「日本型モデル」と呼ぶべきメカニズムである。

力強い文章である。「成長か分配か、どちらを重視するのかという長年の論争に終止符を打ち」というのは、主観的に終止符を打っているだけなのであまり意味がないと思うが、このあたりはご愛敬として、ここで言いたいことは、分配するためには成長が前提となるということである。成長が実現できなければ分配はできない。まずは成長！ということである。

　しかし、日本経済は高い成長をコンスタントに実現することはむずかしくなっている。ということは、この論は、成長ができなければ分配＝社会保障の充実はむずかしいという結論になりかねない。成長がなければ分配はないのか、社会保障などの充実は不可能なのか。いやそうではないはずだ。低い成長でもあるいはゼロ成長でも生活を豊かにすることは可能で、そのことが問われているはずである。このあたりは第６章でも論じている。ここではまずＧＤＰ６００兆円達成は可能なのかについて、また、こうした強気の目標を掲げることの意味について考えてみたい。

　政府はどのようなペースで名目ＧＤＰ６００兆円達成を考えているのだろうか。内閣府は、経済再生ケースとベースラインケースに分けて試算している（図1‐1）。経済再生ケースは、政府の経済政策がうまくいったケースで、ベースラインケースは16年度の潜在成長率（０・６％）並みにとどまった場合だ。経済再生ケースでは、名目ＧＤＰの水準は17年度までは２％台だが、18年度以降は４年連続で３％台が実現することになっている。そして21年度には名目ＧＤＰが６０４・５兆円程度となると見ているのだ[iv]。

■図1-1：楽観的な政府の成長見通し

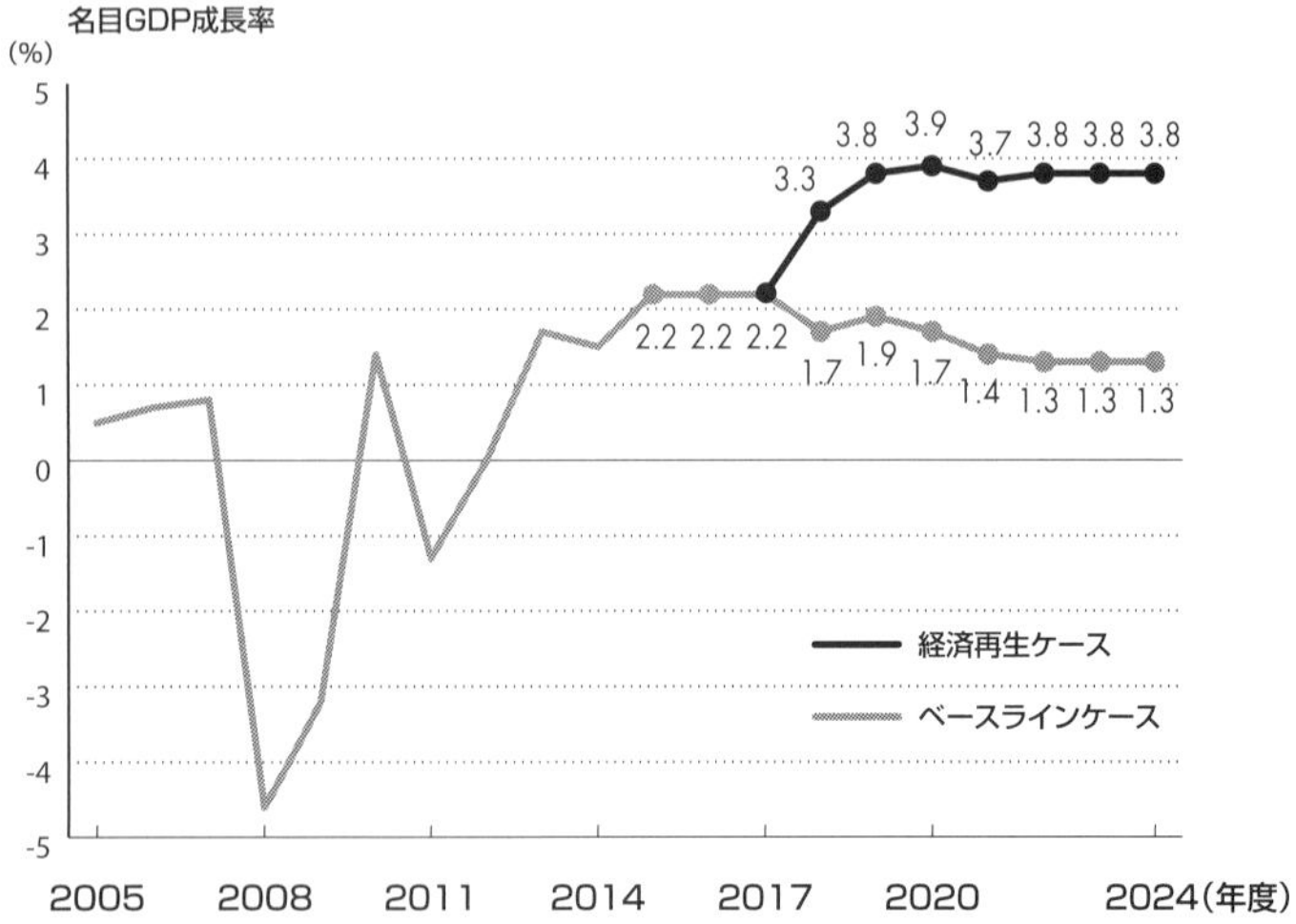

出所:内閣府「中長期の経済財政に関する試算」

経済再生ケースの平均成長率は3%である。何と楽観的な！とだれもが思うだろう。まず、この試算は消費者物価が上昇することを前提としている。物価が上がれば名目GDPはその分増えるからだ。試算では消費者物価上昇率は、16年度は0・4%だが、17年度は1・4%まで上昇、18年度以降は2%台をキープするということになっている。消費者物価が上昇することで名目GDPを押し上げるという見通しに立っているのだ。

過去25年3%成長はない

こういうのを「楽観的」とか「甘い」見通しというのだと思うが、では

■図1-2:成長率は落ちる傾向にある

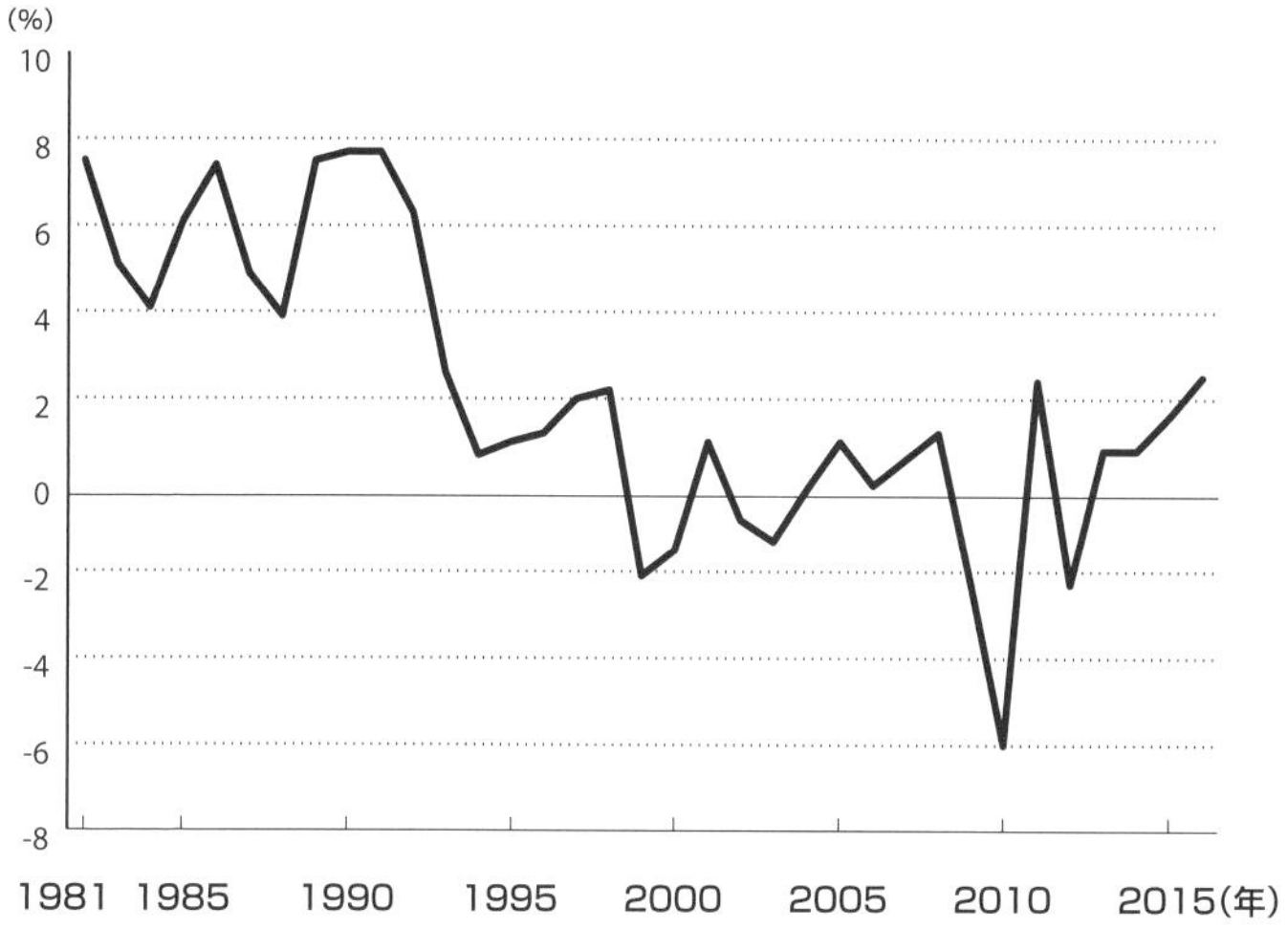

注:名目GDP、旧基準
出所:内閣府国民経済計算(GDP統計)

日本経済の過去の名目GDPはどうだったのだろうか(図1-2)。

1981年から2015年までの35年間の成長率の平均は2・1%、1980年代の平均は5・2%、90年代は1・1%である。2001年から15年間の平均は何とマイナス0・06%なのだ。これはリーマン・ショックと東日本大震災で大きく落ち込んだためである。バブル経済の真っ只中の88年、89年は2年連続で7・7%を記録している。しかしその後は91年に6・3%を記録して以来25年間3%台はない。これから先、毎年3%成長というのは極めてむずかしいということは、ごく普通に考えれば納得できることなのである。

GDP推計方法の改定で31兆円のかさ上げ

ところが、「名目GDP600兆円」には援軍がある。GDP推計方法の改定である。内閣府がGDPの推計方法を2016年7―9月期の2次速報から見直したからだ。15年の名目GDPは530・5兆円と旧基準に比べ31・2兆円もかさ上げされた。GDPの計算方法の改定は、08年の国連統計委員会の勧告に基づくもので、内閣府経済社会総合研究所の「国民経済計算次回基準改定に関する研究会」で検討してきた。これまで研究開発費は経費に繰り入れられていたが、これを投資に振り替えることになる。改定はこのほかに「特許使用料」、「防衛装備品」、「不動産仲介手数料」、「中央銀行の産出」が含まれる。新しい基準年となる11年の名目GDPは471・6兆円から19・6兆円増え491・4兆円となった。内閣府の試算によると、この大半が研究開発費の増加分（16・6兆円増）だ。

「防衛装備品」は、これまではGDPの一項目である「政府最終消費支出」として計上されてきた。これを「防衛装備品」という形で「公的固定資本形成」に繰り入れる。「資本」となるので、減価償却と同じ考えで固定資本減耗が生じるため、この分が政府最終消費支出を増加させる。名目GDPを0・2％程度押し上げるという。防衛予算を増やし軍艦や戦車を装備するとGDPは増加するのである。

ただし、内閣府経済社会総研の「基準改定研究会」第10回会合（2014年7月4日）で配布された「各課題論点整理」によると、同じ兵器でもミサイル、ロケット、爆弾など一回限り使用するものは「公的在庫品」となるので、防衛装備品にはならない。

ところでGDPの計算方法の改定は、先進国共通の動きだ。すでに米国、EUは研究開発費をGDPに繰り入れているが、EUでは麻薬の違法取引やたばこの密売、さらには売春といった地下経済の取引も含めた。これらでEUのGDPを2・4％増加させたという。

15年を年度で見ると2・8％増で532・2兆円である。この532兆円をベースにして20年度に600兆円達成するためには、毎年2・5％の成長が必要となる。ゲタを履かせてもらっても2・5％の成長率は必要なのだ。

ただ研究開発費は、GDPの底上げに貢献するだけでなく、GDPの引き上げ要因にもなる可能性が高い。なぜなら研究開発費は増加傾向にあり、GDPの成長率以上の伸びが期待できるからだ。たとえば日本の科学技術研究費は19兆円（2014年度）で、前年度比で4・6％増となっている。これは経済成長率よりも高いので、GDP引き上げ要因となる。「名目GDP600兆円」には、このように追い風が吹いているのである。

ここまでで、ちょっとしたトリックがあったのだがお気づきだろうか。名目GDP600兆円達成のスタート台は、15年度の500兆円である。つまり名目GDPを1・2倍にするというのが安倍政権の目標のはずだ。とすれば推計方法を改定したのだから、目標も15年度のGDP532兆円の1・2倍、すなわち638兆円にすべきなのだ。そうなるとハードルは高くなり、達成はさらにむずかしくなるので、官邸も内閣府もこの点には触れず「名目GDP600兆円」を掲げ続けるだろう。

GDP統計の見直しも

ここ数年GDPなど経済統計の数字が実態を反映していないのではないかという指摘が、与党の政治家から出ている。安倍政権閣僚の山本幸三行政改革大臣は「日本のGDP統計はどこまで信用していいか分からない」と述べている。[vi] 実態はもっと高いのではと言いたいのだ。こうした発言を受けてかどうか真偽のほどは分からないが、日銀の研究員が2014年度のGDPは実際より30兆円多かったという試算を発表し、波紋を呼んでいる。この論文は「税務データを用いた分配側GDPの試算」[vii] で、日銀の藤原裕行氏と小川泰尭氏が16年7月に発表した。

GDPには生産、支出、分配の三つの側面があり、理論的には等しくなる。これは「GDPにおける三面等価の原則」といわれている。実際には、生産側の統計をもとに計算され、分配側のGDPは、支出側、生産側のGDPに等しくなるように、経営者や株主に対する報酬である営業余剰、個人企業の報酬である混合所得で調整している。両氏は、税務データを利用して営業余剰、混合所得の推計から分配側ＧＤＰの試算を行った。

その結果、各年とも両氏の試算値が現行のＧＤＰ値を大きく上回った。特に14年度は名目ＧＤＰで30兆円も上回り５１９兆円に、実質ＧＤＰも５５６兆円となった。しかも14年度の実質ＧＤＰは、２・４％増と旧基準のマイナス０・９％とまったく逆の動きを示したのだ。

この論文は発表時点の旧基準で試算している。両氏の試算値を新基準に当てはめると、さらに名目ＧＤＰは増えることになる。単純計算で14年度は60兆円近く膨らむ。ただ試算値が正しいということになれば、政府の経済政策そのものが問われることになりかねない。消費増税を行った14年度がプラス成長ならば、当初15年10月に予定されていた２度目の消費増税（８％↓10％）は、実施できたかもしれない。また、15年度補正予算は必要なかったなどという結論も出かねないからだ。

それればかりではない。中国がＧＤＰを発表するたびに、日本国内では「中国の統計はデタラメ」という声が上がるが、人ごとではない。お膝元の日本政府の発表するＧＤＰには信頼性がないということになってしまう。ＧＤＰ統計を担当する内閣府は、日銀の論文にあえて反論を行っていないが、前出の「日本経済新聞」の記事では「景気がいまひとつなのを統計のせいにするのか」という内閣府のぼやきが掲載されている。

とにかく経済成長――「上げ潮派」からの流れ

話を「名目GDP600兆円」に戻すと、問題は「経済成長を高める」ことが可能なのかという点だが、毎年平均して2・5%ということは、ある年が1%にとどまれば、残りの年はさらに高い成長率にしなければ平均2・5%にならない。米国大統領にトランプ氏が就任して期待感が高まっているが、世界経済全体を見ると減退傾向にある。中国も厳しさを増している現状では輸出拡大は期待できない。むしろEUなどはリスクを抱えているため落ち込む可能性もある。

国内も消費が低迷している。設備投資はGDPの基準改定で研究開発費が含まれることから見かけは増えるものの、内需の低迷から大きく動くことはないだろう。中長期的には人口減少で内需そのものが縮小する方向にある。こうした低成長の時代に高い経済成長を目指す政策は、経済だけでなく社会に歪みを作り出すだけだ。

もっとも政府も、2016年度、17年度は見通しを低めにしている。内閣府が16年7月に発表した「平成28年度　内閣府年央試算」によると16年度の名目成長率は2・2%（実質成長率は0・9%）、17年度で2・2%（同1・2%）となっている。図1-1で示したが3%台乗せは18年度以降ということになっている。2020年度に600兆円達成から逆算した成長率見通しと見てよいだろう。

このように日本経済の実態から出発すると、５年で名目ＧＤＰ６００兆円達成はむずかしいと思うのだが、安倍首相の思考経路はまったく逆で、「強い国家」＝「強い経済」が出発点で、これを体現できる経済の目標が「名目ＧＤＰ６００兆円達成」なのである。国民の頭に残る分かりやすい数字として採用したのだろう。その意味ではスローガンみたいなものである。後で詳しく述べるが、経済政策のブレーンである京都大学大学院教授の藤井聡氏の提案ではないかと筆者は見ている。少なくとも同氏の影響を受けていることだけは間違いない。

安倍首相は第1次政権期には、当時自民党の幹事長だった中川秀直氏らが中心になって作った政策グループ「上げ潮派」[viii]に近いスタンスをとっていた。「上げ潮派」の人材を積極的に登用していたほどだ。当時はＧＤＰ１０００兆円実現をキャッチフレーズにしていた。

10年経って、さすがに「ＧＤＰ１０００兆円実現」という極端な目標を掲げる政治家はいなくなった。おそらく安倍首相は、首相という立場もあるので、少し手が届きそうな目標を掲げたのだろう。経済成長を高めさえすれば、法人税や所得税などの歳入が増えるので、増税することなく社会保障などの分配を増やすというのが安倍首相の戦略なのである。

財政政策に軸足を移動

安倍首相は、２０１６年1月年頭の記者会見で「デフレ脱却まであと一息というところまできていると考えています」と胸を張った。そして、通常国会の施政方針演説では「3年間のアベノミクスは、大きな果実を生み出しました。名目GDPは28兆円増えました。国民総所得は40兆円近く増加し、政権交代選挙で国民の皆様にお約束した、『失われた国民総所得50兆円』の奪還は、本年、実現する見込みであります」と言い切ったのである。

ところが、16年は年初から世界同時株安が続き世界経済は不安を拡大させた。こうした中で行われた日銀のマイナス金利の導入は、円高、株安に歯止めをかけることができず、逆に異次元緩和自体の行き詰まりを示すものとなった（第3章参照）。加えて消費低迷に拍車をかける結果となった。

安倍首相が財政政策に言及したのは5月の伊勢志摩サミットである。同サミットで安倍首相は「世界経済はリーマン・ショック前に似ている」という世界経済に対する認識を提示し、財政政策などの強化を呼びかけた。キャメロン英首相（当時）やオランド仏大統領など各国首脳から反論が相次ぎ、共通の認識を得ないまま、日本がG7の主催国ということで「宣言」に盛り込んだのだ。

これは安倍首相が近づく消費増税を回避するために、伊勢志摩サミットを利用したという見方が報道機関を中心に流れたが、確かにこうした側面があることは事実だ。しかし、それ以上に重要なことは、行き詰まりを見せている金融政策から軸足を財政出動に移したという点にある。そして作られたのが第2次補正予算である。これは9月30日に開会した臨時国会に提出され、10月11日に成立した。

補正予算は総額4兆1143億円、事業規模で28兆円になる。この中には海外からのクルーズ船が寄港できるように湾岸施設を強化する費用や学校校舎などの耐震化対策のために1873億円、個人消費の底上げ策として低所得者を対象に1人1万5000円を配布する「簡素な給付措置」に3673億円をつけた。このほか、リニア新幹線の名古屋―大阪間の開業を8年前倒しするため、低金利の財政投融資を活用することにした。

これらの財源として建設国債を2兆7500億円発行、リニア中央新幹線のためにつける財政投融資も国の借金として計上される。

リニア中央新幹線事業を行うJR東海は、40年固定金利という破格の条件を示され財政投融資の活用を決めた[ix]。財政投融資は公共的なインフラ整備を行う民間企業などに対し、民間だけでは資金調達が困難なものに政府がお金を貸す仕組みだ。ところが公共事業をより膨張させるという批判が出たため、あくまでも「公共的なインフラ整備」に限定させてきた経緯がある。こうした経緯をひっくり返すような形であえて踏み切ったのである。

さらに16年度第2次補正予算が執行されていない段階で、早くも第3次補正予算案が組まれた(17年1月31日成立)。東北・北海道台風被害復旧費や熊本地震の復旧・復興費用、北朝鮮による弾道ミサイル発射対応強化費用など総額で6225億円を計上している。第3次補正予算で問題なのは、赤字国債を発行することだ。円高などで業績が落ち込んだことで16年度の法人税収が当初予算見込みより1兆7440億円減少する。そこでこの不足分を補うため、減少分とほぼ同額の1兆7512億円の赤字国債を追加で発行するというのだ。何ということはない、経済政策はとにかく失速させないための財政出動の連発、すなわち単なる「継ぎ目のない財政政策」に過ぎないのである。

3 「成長と分配の好循環」

安倍首相の「強い経済」の二つ目の柱は「成長と分配の好循環」である。アベノミクス第二ステージは、次の三つの矢で構成されている。

第一の矢「希望を生み出す強い経済」＝GDP600兆円
第二の矢「夢をつむぐ子育て支援」＝出生率1・8
第三の矢「安心につながる社会保障」＝介護離職ゼロ

第二の矢と第三の矢をより具体化したものが「一億総活躍プラン」ということになっている。この中で「働き方改革」や「子育ての環境整備」、「介護の環境整備」などが盛り込まれている。

突然「分配」が登場

安倍首相は２０１５年秋になって突然、分配を強調し始めた。格差是正の必要性を訴え、「経済成長と分配の好循環」を打ち出したのである。「働き方改革」の中では「同一労働同一賃金」を掲げ、非正規労働者の雇用条件の改善を図るとしている。

格差是正の問題は、国会では野党各党がこぞって訴えてきたテーマであった。安倍首相は15年の中頃までは、格差問題に関心はなく、そもそも格差は拡大していないという立場だったのである。国会では次のように答弁している（２０１５年２月26日の衆議院本会議での答弁）。

格差に関する指標はさまざまであり、格差が拡大しているかどうかについては一概に申し上げられませんが、例えば、我が国の場合、当初の所得に比較して、税や社会保障による再分配後の所得の格差は、おおむね横ばいで推移しています。

いずれにせよ、格差の状況については、引き続き幅広く検証していくことが重要であると考えております。

格差問題について問われると、毎回ほぼ同じ答弁を繰り返していたのである。それが一転、新しい「三本の矢」にまで昇格させたのだから〝変身〟としか言いようがない。理由は単純。

近づく16年7月の参議院選挙を意識したからである。低年金受給者に対する3万円支給をわざわざ参院選直前に行ったが、これなどは露骨な選挙対策といえるだろう。選挙を強く意識する。これが安倍首相の分配政策の第一の特徴だ。

第二の特徴は、「男は働き、女は家庭を守る」という性別役割分業を前提とした保守的な家族観を随所にちりばめていることである。保育所の増設が進まないこともあって、育児休業を現行の最大1年半から2年に延長しようという案が浮上している。育児が母親任せになっている現状では、女性への負担が増すばかりだ。男の家事・育児参加の促進と男の働き方を変えることや企業風土の是正などを同時に進めないと、「家事・育児だけでなく仕事も一人前にやる」女性を増やすだけだ。共働き世帯の増加という時代の流れにマッチしていないのである。この点については、第6章で詳しく述べる。

政策は小粒

第三は、具体化された政策が小粒なことである。財政の制約があることは事実だが、典型例は「給付型奨学金」である。2018年度から1学年あたり2万人を対象に実施する。住民税非課税世帯で、現行の無利子奨学金を受け、成績が4・3以上である生徒1万人と給付型がなければ就職する可能性がある生徒5000人、部活などで優れた成果を残した生徒5000人で、いずれも学校推薦だという。少ない財政を生かすために「真に必要な人」だけに絞って給付しようという意図が表れている。

これでは親がわずかでも住民税を払っている生徒は対象外。住民税非課税でも貧しくて勉強ができなかったため良い成績を残せなかった生徒も対象外だ。典型的な「選別主義」である。対象を少なくとも中間層まで広げるべきである。「普遍主義」的な考え方による政策に切り替える必要がある。

こうした問題を内包しているとはいえ、従来に比べれば0・5歩前進していることも確かだ。経済環境としては人手不足がさらに進行する状況の中で、女性の就労拡大が果たす役割は大きい。しかも、日本が付加価値の高い製品・サービスにシフトしていくためには、質の高い人材の育成は欠かせない課題である。この点からももっと踏み込んだ政策が求められるだろう。

4 藤井氏の公共事業ファースト

成長率を高めて分配にも気を配る。「成長と分配の好循環」を簡単に言うとこんなところだろう。前提はあくまでも経済成長である。目標は5年後に名目GDP600兆円だ。では経済成長に向けどういう手があるのか。本来はこれがアベノミクス第三の矢である「成長戦略」ということなのだが、2016年6月にまとめた「日本再興戦略2016」には、第4次産業革命の実現としてIoT（モノが相互接続するネットワーク）、ビッグデータ、AI（人工知能）を並べているが、米国、ドイツ、中国なども同じところに照準を置いているので競争は激しい。具体性のあるのは、小粒な規制緩和を並べた「国家戦略特区」程度だ。安倍首相のブレーンはどのようなサジェスチョンを行っているのか。

ブレーン交代

安倍首相の経済政策のブレーンは、リフレ政策を唱える浜田宏一米国エール大学名誉教授、本田悦朗内閣官房参与が務めてきた。この2人には若干の差はあるが、2％の物価目標を達成すればデフレから脱却し、日本経済は成長軌道に乗るという考え方では共通している。特に本田氏はリフレ派として量的緩和を続ければ、必ずインフレになるという信念の持ち主で、たびたびテレビ番組にも登場し、物価上昇の具体的なスケジュールまで示したこともあった。

ところが「異次元緩和」が思うような効果をもたらさなかったこともあってか、本田氏は16年6月に駐スイス大使を命ぜられた。国際会議などでアベノミクスを訴えてもらうためとされたが、筆者は体のいい「左遷」ではないかと見ている。経済政策の舵取りがむずかしくなった時に、ブレーンを海外に出すことは考えられないからだ。代わりに浮上してきたのが国土強靱化推進の提唱者である藤井聡氏である。同氏は安倍政権発足時の12年12月から内閣官房参与（防災・減災ニューディール政策担当）に任命されている。急に登場したわけではない。文字通り「浮上」したのだ。

藤井氏は公共事業の必要性を説く論者で、「コンクリートから人へ」をキャッチフレーズに不要な公共事業を見直す民主党政権に対し、真っ向から批判を行い、道路、ダム、港などの必要性を説いてきた[xi]。

藤井氏は『公共事業が日本を救う』（文春新書）の中でスウェーデンの第二の都市イエテボリを紹介している。街にはトラム（路面電車）が走り、「多くの人が街の中に住み、街の中で働き、街の中で買い物や食事をし、街の中で子どもと共に過ごしている」（43頁）と同市を絶賛している。

筆者もオーストラリアのメルボルンを訪れ、半月だが生活をしたことがある。同じように市内に張り巡らされたトラムのネットワークのおかげで、低料金でどこにでも行くことができる。都市のあり方を考えるきっかけとなった。

確かに公共事業は必要である。しかし、拡大指向で「造る」ばかりでは、これまで進めてきた東京への過度の一極集中を是正し、コンパクトシティをつくることはできない[xii]。問題は理念にある。東京への一極集中の是正、クルマ重視の社会からの脱却を掲げるならば、道路づくりは当然変わらなければならない。東京都心の日本橋の上や横浜の玄関口である横浜駅東口前に首都高速道路が走っていること自体が異常といわなければならない。高速道路は郊外までで、市内は公共交通中心という都市の基本設計ができていないのだ。

「公共事業は必要」を貫く

ところが、藤井氏の場合は、「公共事業は必要」という観点から公共事業の正当性を強調するだけなのである。社会のビジョンはない。縮小あるいは中止を含め、いかに効率的な公共事業を行うのかという提案もない。たまたまスウェーデンのイエテボリを紹介したに過ぎなかったのだ。小池百合子氏が東京都知事になり、築地市場の豊洲移転や2020年の東京オリンピック・パラリンピック開催会場建設をめぐる問題がクローズアップされている。両者に共通する大きな論点のひとつは、多額の費用をつぎ込む「異常さ」だ。

豊洲市場の整備費は16年3月時点で5884億円とされた。これは着工前（2011年）の3926億円から1・5倍、2000億円近く増えている。オリンピック・パラリンピックは、いかにコストを引き下げて会場を確保するかが論議になっているが、公共事業にこれだけ強い関心がある藤井氏から何かしらの提案があったという話は聞こえてこない。デフレ脱却のためには、公共事業はできるだけ規模は大きい方がいいと考えているからだろう。

公共事業には財政の制約がある。政府の借金がGDPの約1・2倍、地方自治体も財政が逼迫しているという現状では、必要だからつくるというわけにはいかない。しかも藤井氏も言うように老朽化による危険性が増しているトンネル、橋などの改修を急がなければならない。こうした事業を優先する必要がある。

民主党政権時に「事業仕分け」でムダをなくすと称して、必要な事業を中止あるいは縮小させたことは事実だ。筆者は10年当時、阿部知子衆議院議員の政策秘書として政権側で事業仕分けに関与したことがある。独立行政法人都市再生機構（UR）の賃貸住宅事業を取り上げたのだが、結論は「高齢者や低所得者向け住宅の供給は自治体または国に移行、民間並みの家賃を徴収する住宅は民間に移行」というものであった。当時、連立政権の一翼を担っていた社民党のある議員が「事業仕分け」の委員になったため、そのスタッフとして同議員の秘書とともに「URは特に低所得者向け住宅を確保するために努力すべき」という意見をまとめた。この意見は無視され前述したような結論となった。筆者が強く感じたことは、拙速なムダの削減ではなく、住宅政策を見直す中でURの住宅提供のあり方を問うべきということであった。

事業仕分けに登場する官僚は、事業の説明の中で必ず「必要性」を強調していた。どの事業にも「必要性」はあるし、少なからず「メリット」はあるのだ。問題は「必要度合い」、「優先性」、他の事業との乗り入れなどの工夫ができないか、さらに言えば、住宅政策、街づくり、環境政策など日本の社会のあり方を問う中で決めることなのである。

国債の発行はためらわない

藤井氏に話を戻すと、公共事業のためには財政上の制約はなく、国債の発行をためらってはいけないというのが同氏の立場だ。日本国債は円で発行され、ほとんどが国内で消化されている。ギリシャのように外国の通貨で発行、外国の投資家が購入する国や米国のように自国の通貨で発行しても外国が購入するケースに比べれば、ずっとリスクが低いと考えている。

確かにその通りである。日本の国債のリスクは低い。日銀が買い占める前から国債は安全な資産とされ金利は低かった。しかし、だからといってリスクがないわけではない。借金頼みの財政は決して健全とは言えない。

『公共事業が日本を救う』ではこう断言している。

政府の借金があるからといって、今のところ日本政府が破綻するとは考えられない。むしろ深刻なデフレに悩まされている今こそ、政府は財政再建に固執することなく、さらに国債を発行しながら財政出動を大きく展開していくべきなのだ。

こうした極端な財政出動論を唱える経済学者は、これまでにも少なからずいた。藤井氏の本を読んで「似た人」を思い出した。日本金融財政研究所所長の菊池博英氏である。藤井氏の『列島強靭化論』（文春新書）のあとがきにはこのような一節がある。「参議院予算委員会公聴会で同席させていただいた菊池博英先生（日本金融財政研究所所長）からは、経済、産業、財政について多くの有益な助言を得た」。なるほど。似ているのは当然なのだ。

菊地氏は、郵政民営化に反対して自民党を離党した亀井静香衆議院議員らが中心となって立ち上げた国民新党（その後解散）のブレーンとなって、２０００年代後半に論陣を張った人物である。新自由主義的な小泉構造改革を徹底的に批判、国債を発行し思い切った財政出動で景気を回復させれば、税収増となり政府の債務は問題ないと主張、当時、民主党政権のもとで俎上に載り始めていた消費増税に反対の立場を明らかにしていた。さらに踏み込んで消費税を０％にするように訴えていた。[xiii] 藤井氏との違いは、藤井氏が公共事業を強調しているのに対し、菊地氏は公共事業に限らず社会保障まで広げて論じていたことである。こうした財政出動論は形を変えて何度でも登場するということなのだろう。

藤井氏は、東日本大震災を経て「列島強靭化」の必要性を説くようになったが、当時野党だった自民党はこの提案を全面的に採用、12年4月、「自民党国土強靭化総合調査会」（会長二階俊博衆議院議員）が、今後10年間で総額２００兆円規模のインフラ投資が必要との提言をまとめた。そして安倍政権はこれを具体化した。13年12月に国土強靭化基本法を成立させ、14年6月には「国土強靭化基本計画」を閣議決定したのである。

「所得ターゲット政策」

公共事業の必要性を説いた国土強靭化論をさらに経済政策の戦略まで高めたのが「所得ターゲット政策」である。藤井氏は『国民所得を80万円増やす経済政策』（晶文社）を２０１６年６月に出版している。同書のタイトルである「国民所得を80万円増やす」というのは、名目ＧＤＰ６００兆円を達成すれば、ＧＤＰは１・２倍となる。日本人の平均給与はおおよそ４００万円強なので、年約80万円の所得の増加を意味する。これが「所得ターゲット政策」である。

同氏は「６００兆円経済実現のための５つの提案」を行っている。

［提案１］２０１７年の消費増税は延期
［提案２］財政政策を基本とした「所得ターゲット政策」を改めて宣言
［提案３］デフレ完全脱却こそ、最大の「財政健全化策」と宣言
［提案４］３年以内の「デフレ完全脱却」を目指し、「規律ある財政拡大」を図る
［提案５］デフレ脱却後は、「中立的な財政運営」を図る

同書のキーワードは「デフレ脱却」で、デフレ脱却のために積極財政を行うことを強調して

いる。積極財政によって経済が活性化し賃金が上昇、物価も上がればデフレからの脱却は可能で、そのためには15兆円から20兆円の財政規模が必要と考えている。

財政出動を行い需要が作られれば、デフレから脱却しインフレに向かうという。デフレギャップは15兆円から20兆円なので、財政出動でデフレギャップを埋めればいいというものだ。

その際の財源だが、国債の増発は問題ないと考えていることは前述した通りである。インフレになり経済の循環ができれば、所得税、法人税は増加するからだ。財政の健全化のメルクマールはＧＤＰに対する債務比率で、ＧＤＰが拡大すれば比率は下がっていくと見ている。

さて、藤井氏の理論は本当に正しいのだろうか。３年間で15兆円から20兆円という大規模な財政出動をすると、本当に経済は拡大軌道に乗るのだろうか。まず指摘しなければならないのは、公共事業の乗数効果が望めなくなっていることである。乗数効果というのは、公共事業を行った時の波及効果である。自転車で１回こいだだけで数十メートル進むようなものだ。内閣府経済社会総合研究所の「短期日本経済マクロ計量モデル（２０１５年版）の構造と乗数分析」[xiv]によると、乗数効果は名目ＧＤＰで１年目１・29、２年目１・59、３年目１・98と見ている。ところが実質ＧＤＰでは１年目１・14、２年目１・02、３年目０・97と右肩下がりとなっているのである。バブル経済崩壊後、乗数効果は名目、実質とも概ね下がる傾向にある。１年目の効果で見ると01年に名目ＧＤＰで１・５だったものが１・29。実質ＧＤＰでは91年に１・33だったが1・14である。[xv] 名目GDPで1・29というのは決して低い数字というわけではない。08年は1・18だったので近年は少し回復傾向にある。多少良くなったとはいえ、かつては自転車ひとこぎで30メートル進んだのに、最近は20メートル程度にとどまっているということなのである。

もうひとつ問題がある。アベノミクスで公共事業を増加させたため、建設分野の人件費と資材価格高騰と相まって、建設コストアップの要因となったことである。特に14年は資材価格が円安進行もあって高騰したが、この時に増額された公共事業（第二の矢）がぶつかったために建設需給が逼迫、建設コストが急激に上がった。ところが15年は資材価格が一転して下落、建設業者は資材の相場に振り回される結果となった。本来であれば公共事業が相場の調整役にならなければいけないのに、逆に相場乱高下に一役買ってしまったのだ。

この点について日本総合研究所上席主任研究員である枩村秀樹氏は「需給の逼迫は、需要・供給双方の要因から生じた[xvi]」として、「（公共投資が）価格上昇を通じた一種の民業圧迫とみることもできよう」と指摘、「建設分野で供給制約に直面していることを踏まえれば、第二の矢の放ち方を再考すべきである」と述べている。

公共事業で3年以内にデフレ脱却

藤井氏は公共事業を3年に区切って行うことを提案している。3年で果たして成果を出すことが可能なのか。「3年でデフレ脱却を目指す」ということは、達成できなければ延長するのだろうか。異次元緩和では2年で物価目標2％を目指すとしたが達成できず、その後ずるずると期限を引き延ばした。現在の目標は2018年度中に達成としているが、もはや国民はだれも信じていない。いや黒田東彦日銀総裁も信じていないのではないだろうか。同じ轍を踏むのではないかと考えるのは筆者だけではないだろう。

必要な公共事業は行えばいい。このことを否定する人はいないだろう。ところが景気対策、財政出動としての公共事業ということになると、主眼が景気対策となるので不必要な公共事業が行われたり、規模を必要以上に大きくしたり、似たような施設をつくったりということになる。これは財政が緩むからである。

たとえば、高齢化と人口減少が進む地方の町で、役場と学校と図書館を同じ建物で建設しようという案が出たとする。いわゆる複合施設である。当たり前だがこの方が建設費は少なくてすむ。こうした複合施設は官庁の縦割りの中ではなかなか実施できない。そのため調整が難航するが、その最中に国から景気対策として公共事業の発表があれば、「では話を元に戻して役場、学校、図書館をそれぞれ建てましょう」ということになるだろう。高速道路でも対面2車線よりも往復2車線の方がいいに決まっている。新幹線もフル規格の方を望む声は強い。財政規模を膨らませれば、より一層緩むのは当然といえよう。ムダな道路や施設の建設が増える可能性は否定できない。というよりも藤井氏はこうした点についてまったく無頓着である。ムダの指摘に対しては、むしろ公共事業否定論として切り捨てているのだ。

公共事業は、国だけでなく都道府県や市町村が2分の1あるいは3分の1負担することになるので、財政危機から公共事業の実施に後ろ向きの自治体は少なくない。このため国が地方自治体負担分をまかなうケースが増えている。そうしないと公共事業が進まないからだ。

前述したように藤井氏は、国の借金がGDPの2倍以上ある現状でも、さらなる国債発行はまったく問題ないと主張している。思い切った経済対策を行えば、経済は成長するのでGDPに対する債務比率は下がるためだ。この点も筆者は非常に疑問に思っている。低い成長率にとどまれば、GDPに対する債務比率は改善しないからだ。さらに公共事業を積み増せば債務が増えるだけという結果となる可能性がある。

GDPに対する債務比率を下げるためには物価を上げるしかない。実質GDPが上がらなくても物価が上がれば名目GDPは増えるからだ。しかし、日銀による異次元緩和が失敗し、物価上昇率がマイナスになっている状況では、物価上昇による名目GDP押し上げ効果は期待できない。

「所得ターゲット政策」は目新しく聞こえるが、藤井氏の考え方は、これまで何度となく繰り返されてきた「財政政策強化論」と大差ない。その典型である小渕政権下での合計42兆円の経済対策（うち8割が公共事業）は、一時的な「ＩＴバブル」を生み出したが、経済の再生につながらなかった。それどころか当時の日本経済が抱えていた金融システム不安にメスを入れなかったために、停滞を長引かせてしまったのである。公的資金の投入で金融システムが安定し、経済が上向くのは03年である。経済対策と称してむやみに金をつぎ込んでも意味がないどころか、国の債務を積み上げるだけという典型的な事例といえるだろう。

5 「強い経済」の根拠なき楽観

経済の実力が落ちている

日本経済の成長率が下がってきているのは、日本経済の実力が落ちてきているためである。経済には「潜在成長率」という概念がある。これは経済の実力を示すもので、日本経済の潜在成長率は２０１６年度上期で０・24％だった（日銀調べ）。この20年の潜在成長率は、05年度上期から08年度上期までを除いて０％台が続いている（図1-3）。

潜在成長率は、資本の力や労働力、技術力をフルに活用した時に実現すると推測されるＧＤＰの伸び率を意味する。中長期的な経済の動きを見る時に活用される指標だ。潜在成長率を規

■図1-3:潜在成長率は下がっている

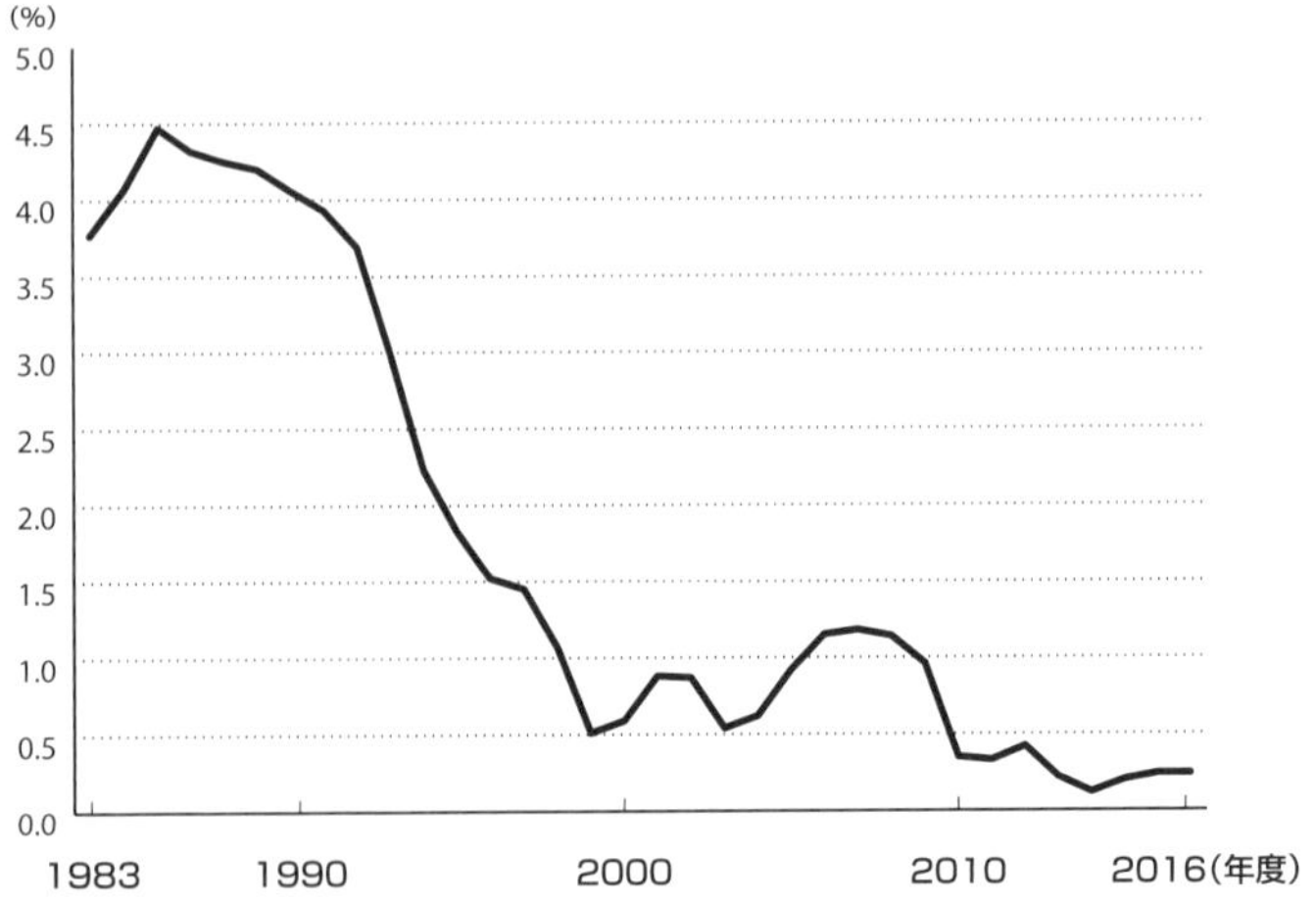

注:各年度半期ごとの数値から年度を算出
出所:日本銀行

定するのは、資本投入、労働投入、TEP（技術革新などに伴う生産性）の三つの要素である。この三要素を日銀のデータで見ると16年度上期は資本投入、TEPは0％台、労働投入を労働時間と就業者数に分けているが、労働時間はマイナス、就業者数は0％である。先ほど財政政策に関連して「乗数効果」について自転車のひとこぎを喩えとして書いたが、経済の実力が低下したということは、自転車をこぐ力が弱くなったということなのである。

　このような日本経済の実力を踏まえて次なる戦略を立てるならまだ分かるが、安倍政権の「名目GDP600兆円」は、この潜在成長率を2％まで高めるというのだ。この先、生産年齢人口（15歳から64歳）は、2010年の国立社会保障・人口問題研究所の「日本の将来推計人口（全国）」によれば出生中位（死亡中位）推計で、16年以降、毎年1％弱（2020年まで毎年平均約70万人）のペースで減少する。女性や高齢者の就労者が増えても補うのは厳しいだろう。

しかも、この推計は2010年のもので、2015年の生産年齢人口を10年当時の推計と15年の国勢調査の結果を比べると62万人も多く推計されていた。ということは同研究所が15年の国勢調査をもとに出す推計値はもっと厳しいものになる可能性が高いのだ。生産年齢人口については第4章でも言及しているので参照していただきたい。

このような環境の中で、5年で名目GDP600兆円という経済成長の目標を設定することは、現実味がないことはもはや明白だろう。

成長は目的ではない

そもそも経済成長は目的ではなく手段にすぎない。目的は国民の生活の安定感を増し豊かにすることである。別な言い方をすれば国民の幸福である。そのために成長が役に立つのかどうかという問題のはずである。

発展途上の国は経済成長が大きな役割を果たすことは事実だ。伸びしろが大きいからだ。戦後日本の高度成長も同様に考えられるだろう。しかし、経済はある程度成長すると成熟化してくる。成長率が下がるにともない成長の果たす役割は減ってくると考えるべきだ。もちろん成熟した経済のもとでも、経済成長を否定することはない。成長しないケースと成長するケースを比べれば、成長する経済の方がベターである。しかし、低い成長しか達成できないのであれば、低成長を前提に考えざるを得ない。むしろ成長を結果としてとらえる方がよいのではないか。

そこで考えられるのが、目標を「1人あたりGDP」にすることである。1人あたりGDPは、名目あるいは実質GDPを人口で割った数字である。今後、日本は人口減少に進むことから、分子のGDPが同じ（ゼロ成長）であっても分母の人口が減る分、1人あたりGDPは増加することになる。

日本の1人あたりGDPは、IMFによれば2015年で、3万2479ドルで26位である。世界のランキングはドルに換算して行われるので円安になると下がる。何位に上がったとか下がったという話はあまり意味がない。

円ベースで見ると15年度はかろうじて2000年度の水準を超えた。ちなみにこれまでの日本の1人あたり名目GDPの最高は97年度の4万2258円である。今後の見通しは、15年の名目GDP約532兆円のまま推移するとして、予想される人口の推移で計算すると、1人あたり名目GDPは2020年で4万2869円となり、5年間でわずか2・3％しか増加しない。5万円乗せになるのは2041年になる。

確かに黙っていても1人あたり名目GDPは少しずつ増えていく。「1人あたり名目GDP」を目標とするのは、量よりも質を重視するという意味で国民の豊かさに着眼した考え方といえる。しかし、1人あたりGDPをさらに増やそうとすれば、名目GDPを増やさなければならない。名目GDPを目標に掲げるのと同じ思考パターンに陥る可能性は否定できない。1人あたりGDPも限界がある。

〔第1章 注〕

i 安倍首相の演説は外務省のHPで見ることができる。

ii GDP統計は2016年7−9月期2次速報から新しい基準で発表されているが、この数字は旧基準である。以下、新基準、旧基準と表記する。

iii PWCの「The World in 2050」は日本語版もネット上で公開されている。

iv 内閣府の予測は暦年ではなくて年度となっている。

v この場合の消費者物価指数はエネルギーも生鮮食品もすべてを含めた総合である。

vi 「日本経済新聞」2016年9月20日付けの「GDP　信用できない　統計大論争1（迫真）」

vii 日銀のHPに掲載されている。

viii 中川氏は2006年10月に『上げ潮の時代――GDP1000兆円計画』（講談社）を出版している。

ix 「日本経済新聞」2016年9月29日付けの「財投　復活の足音」（上）

x 本書では出生率は、「合計特殊出生率」の意味として使用する。

xi 藤井聡（2010）

xii 蜂谷隆（2015）

xiii 菊池博英（2009）

xiv 「内閣府経済社会総合研究所」ディスカッションペーパーシリーズNo. 314。同研究所総括政策研究官である浜田浩児氏等がまとめた。

xv 猿山純夫『マクロモデルからみた財政政策の効果：「政府支出乗数」に関する整理と考察』参照

xvi 「エコノミスト」2016年11月15日号に掲載された「公共投資の景気浮揚効果が低下　需給逼迫によるコスト上昇は続く」

第2章　失敗した異次元緩和

安倍政権と日本銀行が華々しくぶち上げた「物価上昇率2%」達成という目標は、2016年10月まで8ヵ月連続でマイナスが続き、デフレ基調に戻りつつある。16年1月に導入したマイナス金利で、利ざやがとれなくなった金融機関の経営は厳しくなり、「マイナス効果」で消費者心理まで冷やしてしまった。異次元緩和は失敗したのだ。

ところが、日銀の黒田東彦総裁は「失敗」を認めていない。それどころか「反省」もない。あとで詳しく論じるが、ダメだったのは外的要因だと言い訳して、これまでの政策を正当化しているのである。往生際が悪いとはこのことだろう。

1　異次元緩和からの転換

日銀の物価安定化のひどすぎる成績表が新聞などで公表されれば、普通の中央銀行の政策決定委員（総裁・副総裁および審議員《ママ》）ならば、辞任するか、少なくとも、恥ずかしさのあまり、表を歩けなくなるはずである。

この日銀批判を書いたのは筆者ではない。これは2012年に岩田規久男学習院大学教授（当時）が、著書『日本銀行　デフレの番人』（日経プレミアシリーズ）の中で、当時の白川方明日銀総裁を厳しく批判した文章である。これだけ強いことを言い切っていたのである。その岩田氏は黒田日銀総裁を支える副総裁となった。自分の書いた文章に責任を持ってほしいと思うのは筆者だけではないだろう。

13年4月に黒田総裁によって始められた異次元緩和から3年半。16年9月20日と21日に開かれた金融政策決定会合で、「新しい枠組み」方針を決めた。これまでの量的緩和重視から金利を軸とする金融政策への転換である。合わせて3年半の金融政策について総括的検証を行った。

長期国債の金利をコントロール

「新しい枠組み」というのは、長期金利（10年物の国債）をほぼ0％に誘導する「イールドカーブ・コントロール」と、目標とする物価上昇率2％を超えるまで量的緩和を行う「オーバーシュート型コミットメント」である。

「イールドカーブ・コントロール」も「オーバーシュート型コミットメント」も、おそらくプロの金融関係者でもなじみがない言葉であろう。「2・2・2」の語呂合わせで、市場関係者だけでなく、ごく普通の人でも分かるようなキャッチコピーを打ち出した異次元緩和とは大違いである。異次元緩和という言葉自体が、大衆心理を意識した受けねらいだった。「新しい枠組み」は政策内容としては明らかにマイナスイメージが強い。そのため一般の人にあまり関心を持ってほしくない日銀が、あえてカタカナ表記の専門用語にしたのではないか。「マイナス金利」という言葉のイメージの悪さを深く反省したからかもしれない。このあたりに日銀の苦悩が表れている。

イールドカーブは、利回り曲線ともいわれている。償還までの期間（残存年数）が短い国債から長い国債までを横軸にして、縦軸に利回り（金利）をとってグラフを作ると、右肩上がりのカーブができる。これがイールドカーブといわれるものだ（図2-1）。短期は比較的利回りは低く、長期になるにしたがって高くなる。

■図2-1:イールドカーブの変化

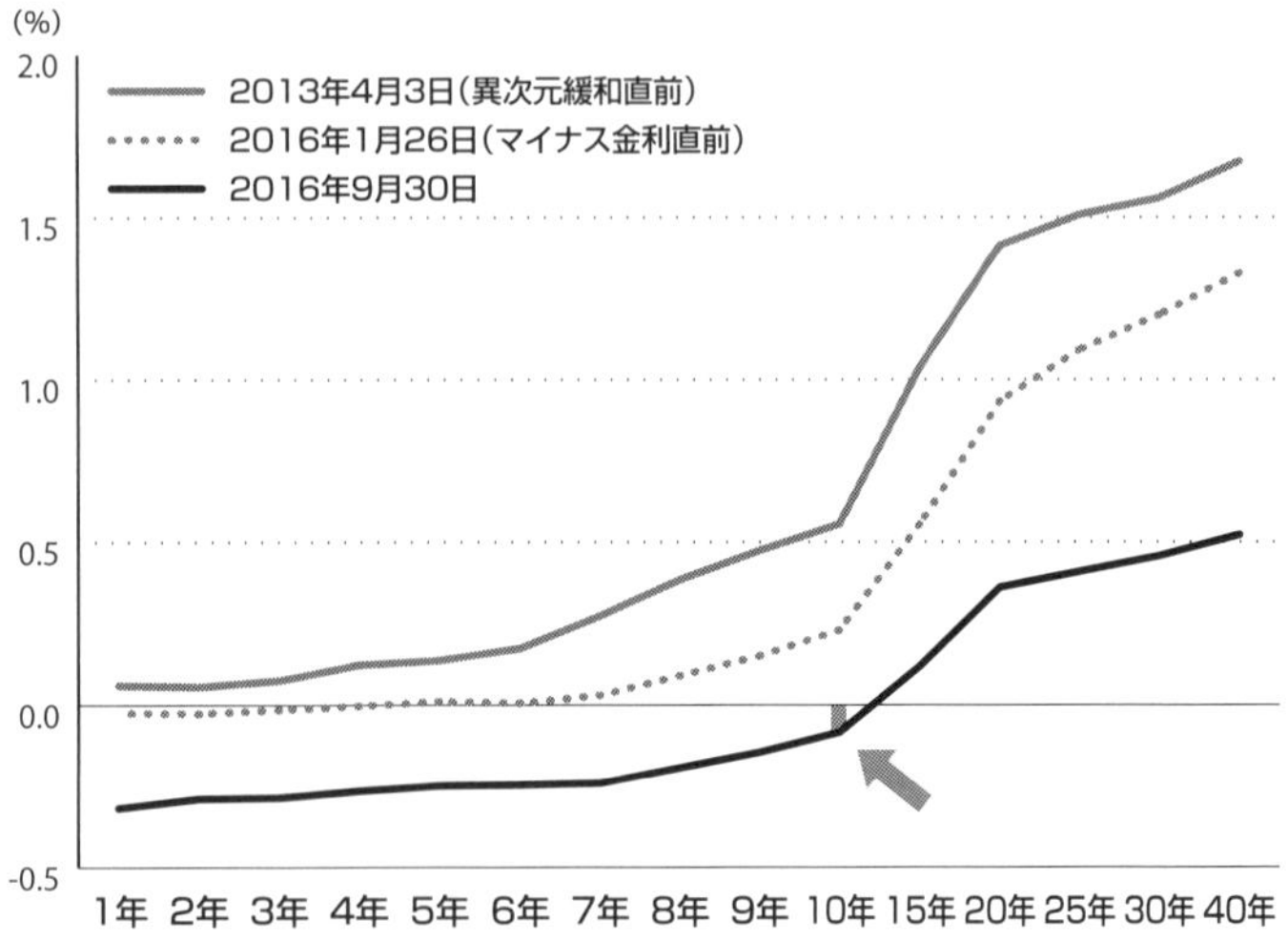

出所:財務省「国債金利情報」

2013年4月の異次元緩和による低金利誘導でイールドカーブ全体が下がったが、16年1月に実施されたマイナス金利導入で、イールドカーブはさらに下がりマイナスとなった。マイナスに沈む傾向は長期国債にも及び、10年の国債も同年3月からマイナス圏内に突入した。この10年物の国債の利回りを少し上げて、0%に誘導することが新たに目標となった。具体的なやり方は国債の買い控えだが、新たに公開市場操作をとり入れることにした。これは「指し値オペ」といわれるもので、日銀が指定する利回りによる国債買い入れである。

この時点で日銀は長期金利を上げることを想定していた。ところが、事態はまったく逆の方向に動いてしまった。金利が想定以上に上昇してしまったのである。いわゆる「トランプ相場」である。米国の次期大統領となるトランプ氏が、大型減税やインフラ投資を打ち出すだろうということで、米国の金利が上昇、連れて日本の金利も上昇したのだ。長期金利は０％を超えてプラスに転じた。あわてた日銀は11月17日、無制限に指し値で買い続けるオペ（公開市場操作）に踏み切ったのである。長期金利がさらに上昇することを懸念したのだ。トランプ氏の大統領選挙勝利以降、ドル高＝円安が続いたことで、日銀としては、まさに「神風」が吹いていた。ところが金利の上昇を放置すると、せっかくの円安に歯止めがかかってしまう。そこで日銀は「指し値オペ」を通告したのである。結果は、応札はゼロだったが、金利上昇は抑制された。日銀の意図通りとなったのだ。

この1年、何をやっても円安誘導できなかった日銀の黒田総裁は、金融政策を転換させたものの焦燥感を募らせていたのではないか。ところがほとんどの人が予想しなかったトランプ氏の勝利とそのトランプ氏が打ち出すだろう経済政策を材料にドル高＝円安になろうとは、さすがの黒田総裁も思いもよらなかっただろう。事ほどさように為替は「思惑」で動くものなのだ。

これまで日銀は金利を下げる手法としては、市場からの国債の購入増で対応してきた。量的緩和である。なぜこの時はこれまでと同じように国債の購入を増やさず、「指し値オペ」を行ったのか？　答えは、これ以上国債の購入量を増やしたくなかったからである。

ところで、短期国債の金利をコントロールすることは可能だが、長期国債の金利操作はむずかしい。長期金利は市場の動向で決まるからだ。これは日銀が長年言ってきたことである。短期金利は、金融機関の間で資金を融通する「無担保コール翌日物金利」が指標となっている。この金利を日銀がコントロールしている。これに対して長期国債の金利は「予想」が大きく入り込んでくるため、操作しにくい。日銀が金利を上げたければ、基本的には保有する国債を売却するか購入量を減らす。また、下げたいと思えば国債の購入量を増やす以外ないのだ。

こうしたことから日銀は長期国債のコントロールはできないという立場をとっていた。ついこの間まで、日銀のホームページに「日本銀行の金融調節を知るためのQ＆A」というページがあり、その6番目に「長期金利は誘導しないのですか?」という問いがあった。その答えは、

長期金利の形成は、資金の需要量と供給量のバランスだけでなく、将来のインフレ率に対する市場参加者の予想や将来の不確実性等によって大きく左右されるため、オーバーナイト物金利のように資金量を調節して誘導することは容易ではないのです。むしろ、長期金利の形成は市場メカニズムに任せて、そこから市場参加者の予想等に関する情報を読み取れるよう

にすることが、とても重要なのです。

ところが、このページは閉鎖されてしまった。改訂のために削除したのだ。黒田総裁は10月3日の衆議院予算委員会で、野党議員から指摘を受け「この部分はもはや古いということで、改訂したい」と答弁している。そこで書き改められたのが以下の文章である。

2016年（平成28年）1月に日本銀行が導入した「マイナス金利付き量的・質的金融緩和」の経験から、マイナス金利と大規模な国債買入れの組み合わせが、長短金利全体に影響を与えるうえで、有効であることがわかりました。

「教えて！にちぎん」のQ&Aのコーナーで「かつては、『中央銀行は、短期金利はコントロールできるが、長期金利はコントロールできない』といわれていましたが、金融政策によって長期金利をコントロールすることは可能なのですか？」という問いに答える形で、上記の回答を掲載したのだ。できないと思っていたが、やってみたらできたというのが回答だ。なぜ見解が変わったのかは書かれていないし、短期と長期では「操作」の意味合いが異なると思うが、そのあたりも書かれていない。

しかも、長期金利を操作することにはさまざまな困難がともなう。さらに市場の動向で決まる長期金利には金利市場の警告灯の機能がある。過度の日銀の介入があれば、こうした機能が歪められる可能性がある。

長期金利を上げようと思えば、日銀は国債の購入量を減らす、すなわち買うのを手控えなければならない。しかし、国債の大量購入を進めてきた日銀は、年間国債購入量を約80兆円と設定している。10年物の国債に限ってとはいえ、購入量を手控えればテパーリング（量的緩和の縮小）と見られかねない。建前とはいえ、それは困るので量的緩和も継続すると宣言したのである。これが「オーバーシュート型コミットメント」である。

「オーバーシュート型コミットメント」というのは、もし物価目標である2%を達成しても、すぐにまた1%台に戻ってしまう可能性があるので、確実に2%を上回る状態が続かない限り量的緩和はやめないという「約束」である。今まで以上にハードルを上げたことになる。

ちなみに「オーバーシュート」というのは「行き過ぎた」という意味である。「コミットメント」は「約束」だ。「行き過ぎた約束」とは異次元緩和のことではないのか。まさにジョークだ。しかも、片方で（金利を上げる時には）国債を売り、他方でこれまで通り国債を買い続ける。「両股をかけた政策」なのである。

日銀の「強い意思」は空回り

２０１３年４月の異次元緩和では、２％の物価目標を2年以内に実現させると言い切ったが、その後、３回延期し16年7月には「17年度中」としていた。ところが物価はさらに下落し、11月1日に出された「経済・物価情勢の展望（展望リポート）」では、「２％程度に達する時期は２０１８年度頃になる可能性が高い」とさらに先送りした。これは「見通し」で「コミットメント」ではない。９月の「新しい枠組み」では、達成時期の明示はしないことにしたのだ。これまで達成時期を明示したのは、物価を上げるという日銀の強い意思を示すためであった。「強い意思」は空回り、「もはやそんなことを言っている場合ではない」ということなのだろう。「新しい枠組み」は「長短金利操作付き量的・質的金融緩和」という、やたらと長い名称がついている。これは追加した政策を次々と付け足していったためだ。つぎはぎだらけの日銀の金融政策の現状を物語っているといえよう。

つぎはぎだらけの金融政策になったのは、量的緩和が限界に来てしまい（これ以上国債購入額を増やすことはリスクが大きい）、マイナス金利を導入、短期金利の引き下げをはかった。ところが今度は長期金利が下がりすぎたため調整の必要が出てきてしまった。そこで長期金利を操作する必要に迫られたのである。「長短金利操作付き」などというのは、まさにつぎ足し旅館の最たるもので、歯切れが悪く一言で説明できない金融政策となってしまったのである。

筆者は16年9月の金融政策決定会合で、量的緩和からの撤退すなわち縮小に向け、方向転換すべきと考えていたが、方向転換はそれまでの量的緩和政策が失敗であったことを意味するため、黒田総裁、さらには安倍首相に対する責任を問う声が強まる可能性がある。ということで、それがどうしてもできないのであれば、次善の策として、市場に対し縮小に向けたメッセージを打ち出すのではと考えていた。

具体的には年間の国債購入量約80兆円を70兆～90兆円とレンジで示すという手法である。80兆円は14年10月の追加緩和で決められたのだが、この時には「約80兆円」となっている。「約」を具体的に示せば「70兆～90兆円」として、幅を持たせ、経済状況に応じて決まると説明すればよいのである。記者会見で「テパーリング（量的緩和の縮小）では？」と問われれば「そんなことはない」と答弁しても、市場は購入する量を減らすと見るのでメッセージ性は十分と見ていた。この方法は、黒田総裁に取り得るギリギリの選択だったのではないかと考えたのだが、残念ながら黒田総裁は、こうした「玉虫色」の政策すら採らなかったのである。

黒田総裁は、その後の発言からすると、どうやらなし崩し的に量的緩和を縮小する方向に持っていきたかったようだ。

2　失敗を認めない「総括的検証」

2016年9月の金融政策決定会合では、「新しい枠組み」とともに「総括的検証」が行われた。異次元緩和から3年半経って初めて行われた自らの政策の検証である。しかし、残念ながら総括としては、極めて不十分。というよりも、言い訳に終始していて日銀の政策を正当化するだけのものであった。ちらついているのは「日銀の政策の無謬性」だ。

「総括的検証」には次のように書かれている。

「量的・質的金融緩和」は（機能したため）、（中略）金融環境は改善した。その結果、経済・物価の好転をもたらし、物価の持続的な下落という意味でのデフレではなくなった。

「総括的検証」の最大の総括点は何か？　日銀が目標としていた2％の物価目標だろう。問われるのはなぜ達成できなかったのかだけではない。そもそも2％達成という目標設定に問題はなかったのか、にあるはずである。

「総括的検証」では物価目標の達成ができなかった理由を三つ挙げている。

① 原油価格の下落
② 消費税率引き上げ後の需要の弱さ
③ 新興国経済の減速とそのもとでの国際金融市場の不安定な動き

この三つの要因を「外的な要因」としている。日銀の方針は正しかったが、外的要因でうまくいかなかったと言っているのである。自らの政策の不十分性についての言及もなければ反省もない。戦時中の大本営は敗北を認めず転戦と言い換えたが、日銀も同様の思考パターンのようだ。

原油価格と為替が物価に与える影響は大きい

では、異次元緩和はどこに問題があったのか。まずこの点を明らかにしたい。２％の物価目標を決めたのは２０１３年１月で、まだ前白川総裁の時代であった。これは物価目標達成まで無制限の量的緩和を行うことを前面に出して総選挙に勝利した安倍首相からの強い要請によるものであった。その後、政府と日銀による「政策協定」が締結され、白川総裁は任期を残り１ヵ月残して辞任、後任に黒田氏が指名されたのである。そして４月４日に「量的・質的金融緩和」いわゆる異次元緩和を発表したのである。

異次元緩和を発表した13年4月、黒田日銀総裁はパネルに記した「三つの2」で説明を行った。

①物価安定の目標は「2％」――達成期間は2年を念頭にできるだけ早期に

②マネタリーベースは2年間で「2倍」に

③国債保有額――平均残存期間は2年間で「2倍以上」に

この「三つの2」が自分の首を絞めることになったのだが、黒田総裁はおそらく「そうならなければいいが」と思いながら続けてきたのではないか。しかし、走り出した車にブレーキをかけるのは容易なことではない。自分の言ってきたことを否定しなければならないからだ。

「三つの2」を検証してみよう。まず、①物価安定の目標「2％」だが、物価は13年から14年にかけては上昇したものの14年後半から下落、16年3月からは8ヵ月連続で前年同月比マイナスとなっている。日銀は総括的検証で物価下落の要因として原油価格の下落を挙げている。黒田総裁はこれまでもたびたび「原油価格が70％以上も下落したため」と指摘している。

図2-2を見ていただきたい。この図は原油価格を円に換算したものと消費者物価指数（前年同月比）を比較したものである。極めて相似性の高い関係性を見ることができる。このグラフからいえることは、物価動向は原油価格と為替相場に大きく左右されるということである。

原油価格が上昇すると連動してLNG（液化天然ガス）価格が上昇する。この二つに依存する

■図2-2:物価は原油価格に左右される

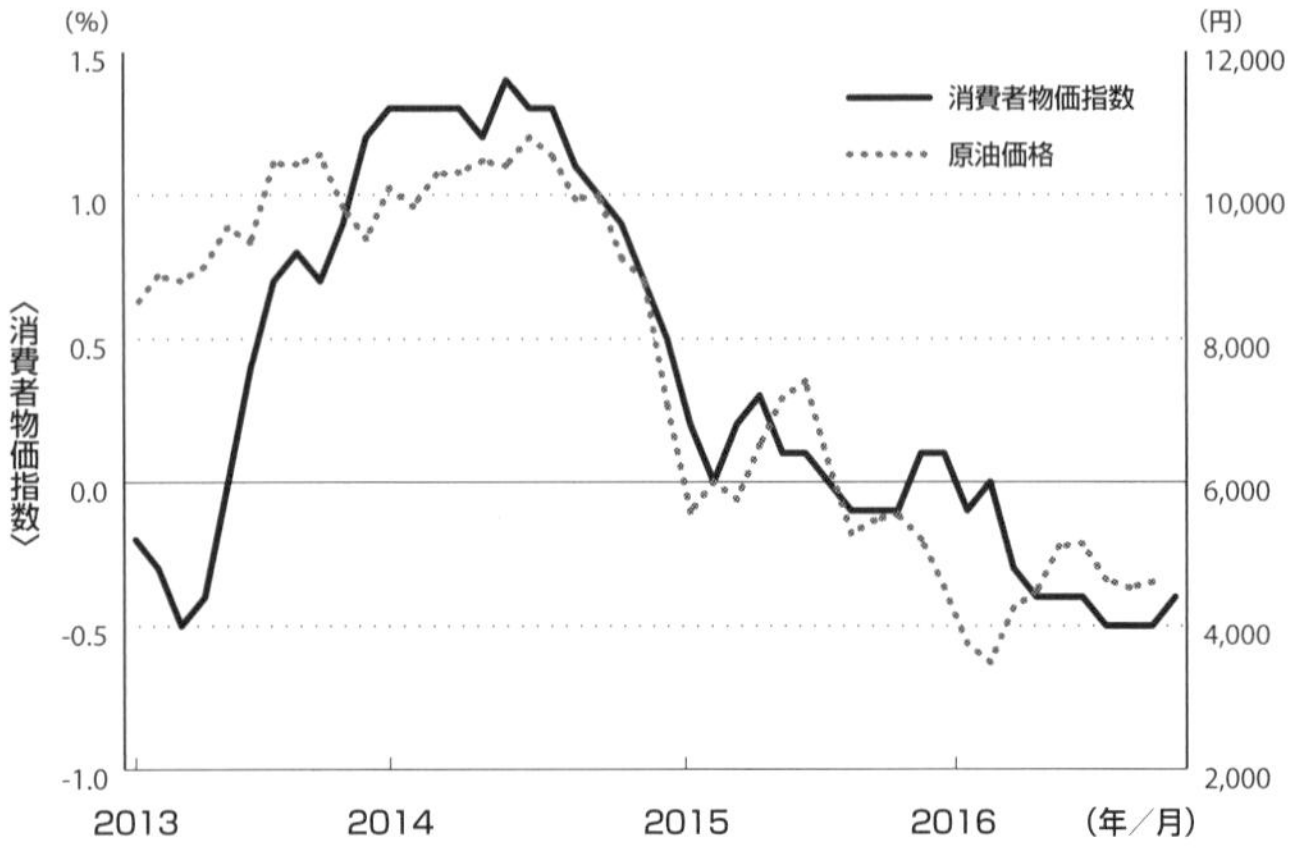

注:消費者物価指数は生鮮食品を除く総合、前年同月比
注:原油価格はWTI、月中平均レートでドル価格を円に換算
出所:Browse Data Collections、総務省消費者物価指数

電気料金は上昇、また都市ガスも上昇する。ガソリン、灯油も上昇する。これらのエネルギー価格の上昇が消費者物価を押し上げるのだ。それだけではない。原油価格は鉄、銅、アルミなどの資源価格とも相関性がある。

もうひとつは為替相場である。円安になると輸入価格は上昇する。円安は輸出製品にはメリットがあるが、輸入品はそれだけで割高になる。13年は原油価格が上昇したが、この時は円安が進んだ。そのため円に換算した価格は、原油市場の上昇以上の上げ幅となった。ところが14年後半頃から原油価格は下落し、為替相場も円安に勢いはなくなり、15年後半からは円高に向かったため、原油価格は下落したのである。このほか日常生活に欠かせない食料品や中国、ＡＳＥＡＮ諸国での生産比率が高まっている家電製品、パソコンなども円安で価格は上昇傾向になる。

このように近年の消費者物価の変動は、原油価格と為替相場によるところが大きいのである。もちろん需要と供給のバランスや賃上げ（賃下げ）も影響するが、一部の業界や製品に限られていると見るべきだろう。

ところが日銀の総括的検証では、物価下落の要因に原油の下落を挙げているが、13年の物価上昇の要因に原油価格の上昇と急激な円安にはまったく触れていない。下落の時ほどでないにせよ、要因になったことは間違いのない事実である。原油価格下落を口にするなら上昇も言うべきだ。この辺が日銀のずるいところである。

総括的検証から2ヵ月半過ぎた12月初めに日銀の論文[ii]が公表された。13年から16年半ばまでの間に異次元緩和による政策効果で上がった予想物価上昇率がどの程度あったのかを分析したものだが、同論文もスタンスは変わっていない。

新たな物価指標を作成

ところで日銀は、新たに消費者物価指数を作り出すという小細工をしている。日銀が指標としていた消費者物価指数は、総務省の「生鮮食品を除いた総合」である。これとは別に「生鮮

■図2-3:マイナスとなった消費物価

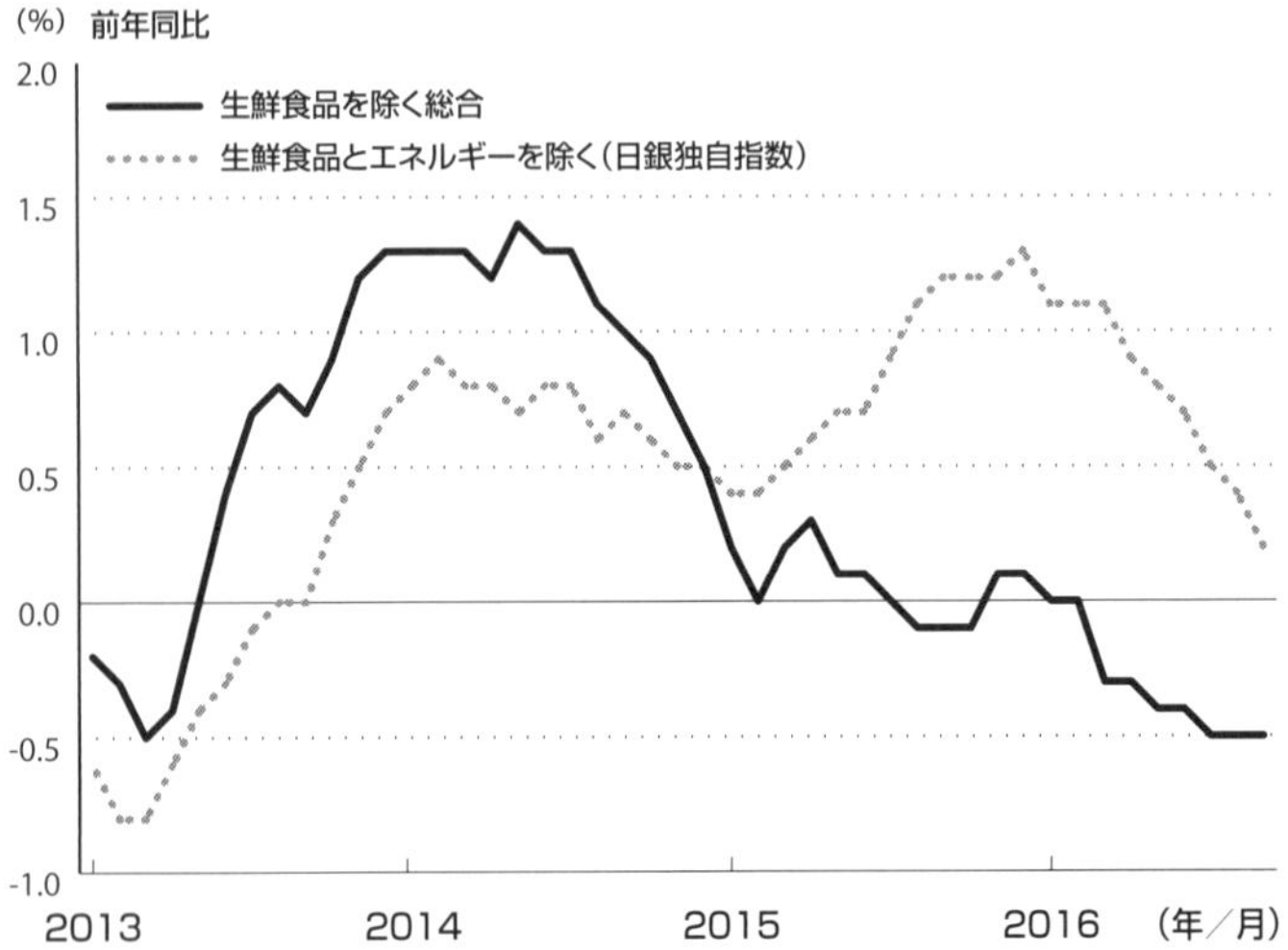

注:いずれも消費増税の影響を除く
出所:総務省消費者物価指数及び日銀統計

食品とエネルギーを除いた総合」を作り、独自の指標としたのだ。総務省は「生鮮食品を除いた総合」以外に、すべてを対象とした「総合」さらに「食品とエネルギーを除いた総合」を指標として発表している。日銀は、生鮮食品とエネルギー価格を除くという新しい組み合わせを考え出したのだ。

日銀独自指数を発表したのは、二つの指数がちょうどワニの口のように広がり始めた15年7月である(図2-3)。まさにグッドタイミングであった。というよりタイミングを合わせて発表したのだろう。生鮮食品を除く総合指数の下落にもかかわらず黒田総裁は「物価上昇基調に変わりはない」と言い続けていた。この発言の根拠は「日銀独自指数」にあったのだ。途中から指標を変えたのである。

おそらく黒田総裁は日銀独自指数が2％に達するか、あるいは少し手前で、国債購入量を減らす算段だったのではないかと筆者は推測していた。黒田総裁は、毎月祈る気持ちで、この指数を見ていたのではないか。ところが16年に入ると日銀独自指数も下落し始める。10月には0・3％まで下落してしまった。

ところで日銀が、これまでの指標と別な指標で判断するということは、過去にもあった。06年に物価上昇率がプラスになったことで、当時の日銀は量的緩和を縮小した。この時もある人は次のような批判をしている。

量的緩和解除の理由を述べた「金融市場調節方針の変更について」（2006年3月9日）では、「生鮮食品を除いた消費者物価指数の前年上昇率が安定的にゼロ％以上になったから、量的緩和を解除した」と言いながら、同じ日の総裁記者会見では、「中長期的な物価安定の理解」というときの物価とは、「生鮮食品を除かない全部を含む消費者物価指数」、すなわち、総合消費者物価指数であるという。

細かいようであるが（中略）このような不明確さは許されるべきことではない。

要するに当時の福井総裁は、二つの指数を使い分けたのだ。「不明確さは許されるべきことではない」と正面から批判した「ある人」はだれか？　日銀副総裁の岩田規久男氏である。自らの著書『日本銀行　デフレの番人』で明確に述べているのだ。

3　「予想」で支えられていた物価上昇メカニズム

日銀はどのような形で消費者物価を上昇させようと考えていたのだろうか。ひとつは大規模な国債買い入れによって長期国債の金利を下げることである。先ほど出てきたイールドカーブの引き下げである。そのために長期国債を多く購入できるようにした。異次元緩和以前の国債購入は、償還までの残存期間が3年未満の国債に限定していた。これを「6～8年」と2倍にしたのである。これが「三つの2」の3番目である。長期国債の金利は金融市場の目安となるので、世の中の金利は引き下げに動く。この金利は名目金利である。図2－4のAの部分である。

金利は以下のような式が成り立つ。米国の経済学者であるアーヴィング・フィッシャーが唱えた方程式である。

■図2-4:日銀が考える量的緩和による物価上昇メカニズム

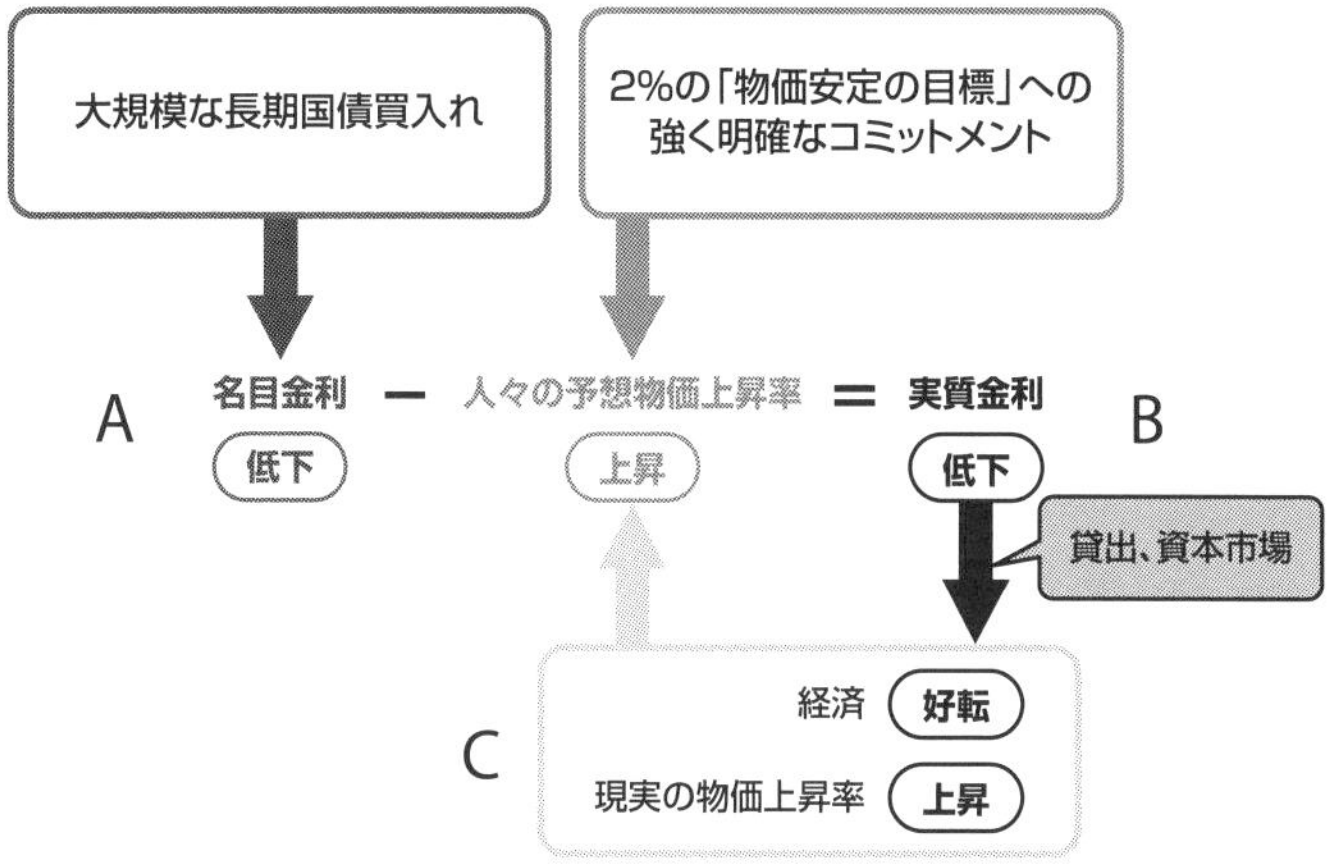

注:A、B、Cは筆者が記入
出所:時事通信社きさらぎ会(2016年9月5日)での黒田日銀総裁講演資料

「名目金利－予想物価上昇率＝実質金利」

名目金利は物価の上昇を考慮しない額面上の金利で、実質金利は物価の上昇を考慮したものだ。名目賃金と実質賃金の違いと同じように考えればいいだろう。

日銀がやったもうひとつは「予想物価上昇率」の引き上げである。そこで日銀は、人々に先々物価は上がると思わせようとしたのである。図2－4のBの部分である。「これから物価が上がります」と筆者が言っても信じる人はいないと思うが、日銀総裁が言えば「そうかな」と思う人はそれなりにいるだろう。「気分はインフレ」にしようとしたのである。

先行き物価が上がると分かっていれば、

人々は買い急ぐようになる。企業の経営者は金融機関から借金をしてでも投資するようになる。物価が上がれば借金額は目減りすると考えるからだ。ガソリンが値上がり傾向にある時は「じゃあ、今日入れておこう。満タンにしよう」と考えるだろう。しかし、いつもそう考えるとは限らない。生活用品が値上がりすると生活に余裕がなくなり「ガソリンが上がってきたので、入れるのを手控えよう」ということにもなる。つまり物価の上昇と消費行動の関係は、プラスとマイナスの両面があるのだ。

マイナス面での事例では、1970年代前半のオイルショックの際のインフレ時に、多くの人が消費を手控える行動をとったことが知られている。翁邦雄氏の『日本銀行』（ちくま新書）によると「消費性向は全体として顕著に低下（中略）」、しかもそれは「低所得者層ほど大幅であった。「生活の苦しい低所得者層に対しては将来の不確実性への備えから、あえて消費を切りつめさせ、貯蓄に回させる方向に作用した[iii]」というのだ。インフレだからといって、必ずしも消費行動が上向いたり、金融機関からお金を借りて投資するとは限らないのである。

人々に物価は上がると思わせることなど果たして可能なのだろうか。こうした考え方の根拠になっているのが合理的期待形成仮説である。合理的期待形成仮説は、米国のロバート・ルーカス教授、トーマス・サージェント教授らが唱えた学説で、「人々は利用しうる限りの情報を有効に使って予測し、その予測に基づいて行動をする」という仮説である。ルーカス氏は19

９５年、サージェント氏は２０１１年にノーベル経済学賞を受賞している。

たとえば、14年4月に消費増税が実施されたが、増税前には駆け込み需要が起こった。これは人々が政府の政策を予測して行動しているケースである。この場合は、国会で法律が成立し施行日が決まれば１００％実施されるので「予測」といっても確実性が高い。日銀総裁が「２年後までに物価は２％上がる」と強調することは、消費増税に比べればはるかに確実性は低いが、それでもそれなりの効果があると考えたのだろう。

先ほどの「方程式」からすると、名目金利が下がり、予想物価上昇率が上がると実質金利が下がることになる。そうなれば企業は「金利が下がるので投資しよう」と考え、消費者は「この際、車を買おうか」と考えるようになり、需要が増加するので物価は上昇するというのである。図２－４のＣの部分である。

何やら「風が吹けば桶屋が儲かる」的な感じがしないわけでもない。この「風が吹けば桶屋が儲かる」の話は、風が吹いてから桶屋が儲かるまでには時間差がある。つまり将来の話だ。実は、前述の「方程式」も同じように将来の話なのである。名目金利と実質金利、物価上昇率の関係は、将来のことなのですべて予想値ということになる。実質金利も予想実質金利でしかない。

「マネタリーベースに働きかける」の意味

「三つの2」の2番目は、国債を大量に購入、マネタリーベースの残高を2倍にすることである。ねらいは長期国債の金利を下げるためとしている。「総括的検証」には「マネタリーベースの拡大は、『物価安定の目標』に対するコミットメントや国債買い入れとあわせて、金融政策レジームの変化をもたらすことにより、人々の物価観に働きかけ、予想物価上昇率の押し上げに寄与したと考えられる」と書かれている。

この文章は何を言っているのか分かりづらいが、図2-4で言うと右側Bの「2%の『物価安定の目標』への強く明確なコミットメント」だけでなく、左側Aの「大規模な長期国債買い入れ」もやっているので、人々は、先々物価は上がると思うようになるということのようである。

なぜ人々は、マネタリーベースを増やすと物価が上がると予想するのか。日銀が金融機関から大量の国債を買い入れ、マネタリーベースを増やすとマネーストックも増える。これは世の中の貨幣の量が増えることを意味するので、貨幣の価値は下落する。貨幣の価値の下落は物価の上昇と同じことなので、だから物価は上がると見るわけである。よく新聞や雑誌などで「世の中に出回るマネーがジャブジャブになると物価は上がる」などと書かれることがあるが、これである。

しかし、世の中に出回るマネーとは、マネタリーベースとは別のマネーストックである。したがってマネーストックが増えたかどうかが問われることになるはずである。残念ながら日銀はこの点について触れていない。言葉の定義をはっきりさせよう。マネタリーベースは日本銀行券発行高と金融機関が日銀に預けている日銀当座預金[iv]である。マネーストックは、民間企業、個人、地方公共団体などが保有する通貨量残高だ。金融機関が国債を日銀に売ると、日銀はその金融機関の日銀当座預金口座にその代金を振り込む。この当座預金の金利（付利という）を日銀が下げると、金融機関は当座預金に預けるよりも民間企業などに貸し出しした方が得と考える。したがってマネーストックが増加するというわけだ。

さてマネーストックは増えたのだろうか？　13年1月と16年7月を比較するとマネタリーベースは132兆円から403兆円と3・1倍増えたが、マネーストックは1139兆円から1264兆円と1・1倍しか増えていない。マネタリーベースは271兆円増えたのに、マネーストックは125兆円しか増えていないのである。要するに口径が狭いビンに大きなバケツでザーッと水をつぎ込むようなもので、確かにビンに溜まる水の量は増えるが著しく効率が悪い。

かつてはこのあたりの説明を「貨幣数量説[v]」で行っていた。マネタリーベースを増やせばマネーストックは増えるという説明である。中央銀行はマネーストックもコントロールできるとされていた。しかし、どうもこの説にはムリがあるということで、先々マネーストックが増えると多くの人々が思うので、物価も上昇すると予想するようになるというような「予想」の2文字が強調されるようになってきた。

ブタ積み

増加したマネタリーベースはどこへ行ってしまったのか。日銀当座預金に積まれたままなのだ。2013年1月のマネタリーベースのうち日銀当座預金残高を差し引いた日銀券は88兆円である。それから3年半、日銀はひたすらマネタリーベースを増やしたのだが、16年6月を見ると同じようにマネタリーベースから当座預金残高を引いた数字は96兆円とわずか8兆円しか増えていないのである。マネタリーベースを増やした分は、大半が日銀当座預金に積まれたのである。世の中では、日銀当座預金残高を「ブタの貯金箱」といい、そこから「ブタ積み」という言葉さえ生まれた。

原田泰氏は日銀の審議委員になる前だが、14年4月28日付けの「WEBRONZA」に掲載された「予想物価上昇率とマネタリーベースの関係は明らか」と題する小論の中で「日銀が計画しているように14年末までにマネタリーベースを270兆円に増大させれば、インフレ率は消費税増税分を除いて2％以上となる」と断言していた。しかし、14年12月の物価上昇率は

0・5％（消費増税の影響は除く）であった。原田氏の言うようにはならなかったのである。いくらマネタリーベースを増やしてもマネーストックはほとんど増えなかったということは、リフレ派の想定通りにはいかなかったということで、リフレ派理論の破綻を意味している。

マネーストックが増えなかったのは、資金需要がなかったからだ。経済が不振の時は需要がないので企業は設備投資など投資を強めようとしないし、賃金が上昇しないので将来に対する不安感は消えず、人々も自動車購入や旅行などを手控えるためだ。経済が上向かなければ需要は出てこない。さらに成熟社会になって耐久消費財などが行き渡っていることや分厚い中間層が崩れ貧困層、低所得者層が増加していること、さらには人口減少の影響といった問題もあるだろう。こうした根本問題に立ち向かわないと消費は拡大しない。

4　不動産と株高

ところで、金融機関からの貸し出しを大きく増やしている業界がある。不動産業界である。前述したようにマネタリーベースが増えると金利は下がるので、当然金融機関は貸し出し金利を大幅に下げるなど条件を良くする。実体経済と関係なく不動産業界にだけは資金が流れたのである。

■図2-5:急増する不動産業への貸し出し

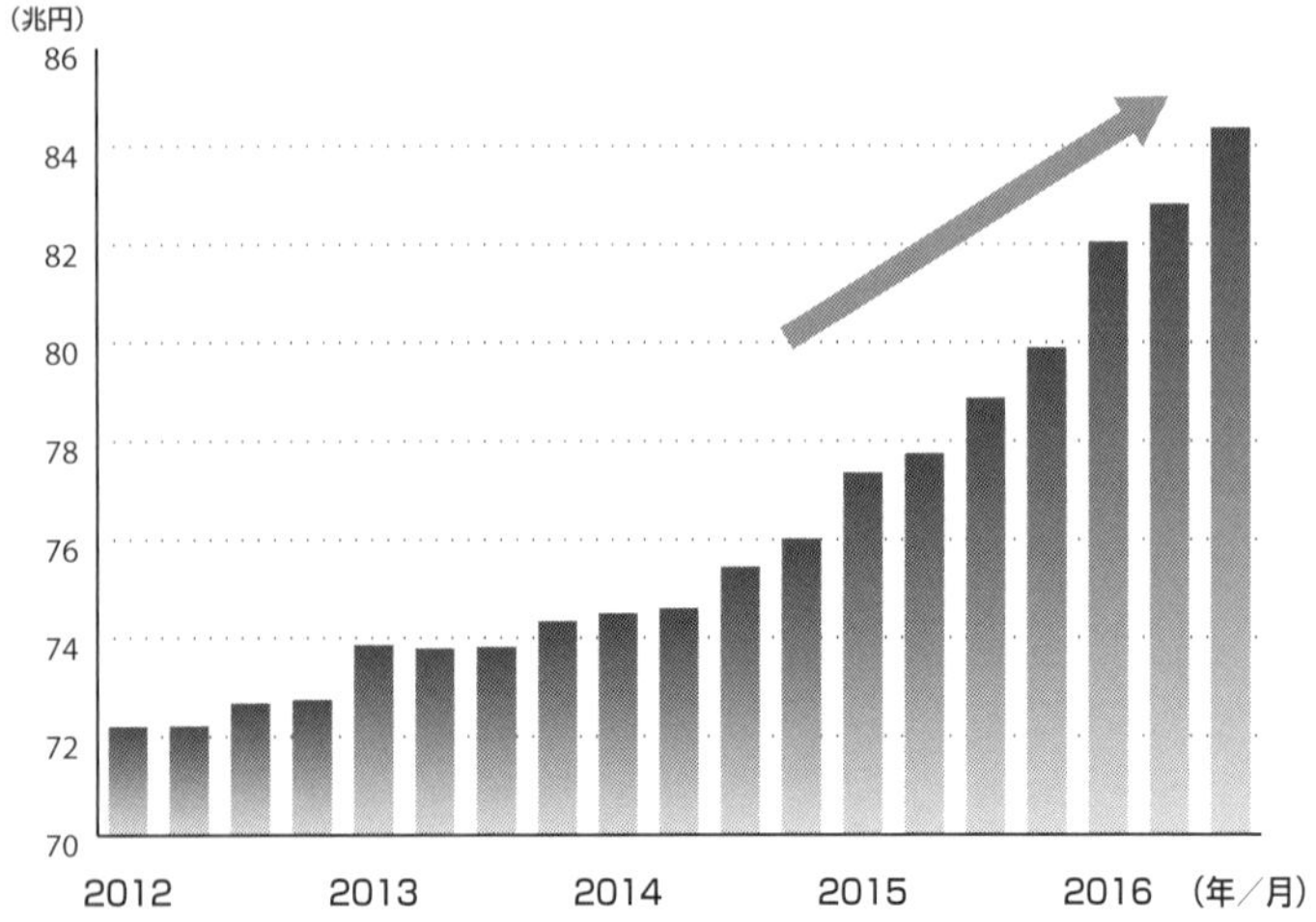

注:金融機関は国内銀行＋信用金庫、4半期ごとの残高
出所:日本銀行預金・貸出関連統計

日銀の「預金・貸出関連統計」によると、金融機関（国内銀行＋信用金庫）の不動産業への貸出残高は２０１６年９月で84・４兆円となっている。これを４年前の12年12月（72・７兆円）と比較すると11・７兆も増えている。16・１％の増加である（図２-５）。これは全産業平均の９・９％増を上回っている。ちなみに製造業向けは１・８％増である。いかに不動産業に偏っているかが分かるだろう。

　このことは大都市を中心とした地価の上昇に表れている。バブルの芽が出てきたのである。この傾向は15年以降、顕著になっている。特に著しい動きを見せているのが東京など大都市で、特に東京都内それも都心で顕著だ。日本不動産研究所の「不動研住宅価格指数」（東京都の既存マンション）の16年9月の指数は96・3で、12年12月（80・5）と比較すると約16ポイント増加（20％増）である。07年のピーク（10月＝94・9）をすでに超えているのだ。一時は、中国人など外国の投資家が都内のビルやマンションを買いあさる姿が目立った。売り抜けるためだ。投資が投資を呼ぶ。まさにバブルの様相を呈しているのである。

この動きはオフィスの賃料の上昇にも表れている。日本経済新聞社のオフィスビル賃貸料調査によると、16年下期の東京の築1年未満の新築ビルの賃貸料指数は、前年同期に比べ12・6ポイントも上がった。既存ビルは５・６ポイント上昇した。実体経済はほとんど伸びていないのに不動産価格は上昇、ビル、マンションの建設ブームは続いているのである。

株価もプチバブル

株価もプチバブル的な動きを見せている。株価動向を評価するためには「バフェット指標」を使うと分かる。これは株式時価総額が名目GDPを上回っていればバブルの懸念があるというもので、世界的な投資家であるバフェット氏が考案したものだ。同指標の推移を見ると２０１５年の指数は「バブル領域」の1を超えている。１９８０年以降の指標を見ると87年から90年には1を大きく超えている。それ以降では05年末から07年半ばまでだ。ただ16年に入ると株価低迷で1を割っている[vii]。

　金利が低下すると不動産価格は上昇しやすくなるが、必ず上がるわけではない。しかし、株価が上がり政府と日銀がインフレ目標を掲げれば、先行き「不動産価格は上がる」と見る投資家は増えるだろう。まず東京の都心部から火がつき、首都圏、大阪、名古屋と広がり、全国の主要都市へと広がったのだ。製造業などにいくら働きかけても借りてくれないなかでは、勢い不動産業界に資金が流れることになる。

　しかし、実体経済との乖離がはっきりしてくると、当然、高値警戒感が出てくる。不動産価格は16年に入ると伸びなくなった。高止まりである。プチバブルで終わる可能性もある。

円安と株高は成果なのか

　安倍政権が発足して以降、円安になり株価が上昇したことをもって、異次元緩和は大きな成果があった、という見方をする人は少なくない。多くの人が「資金供給を増やせば貨幣価値が下がると市場は予想するので円安に向かう」と思ったことは事実だ。実際には前述したようにマネーストックはほとんど増えていなかったのだが、思惑は思惑を呼んで、円安基調は2年半続いたのである。実際の為替相場は金利差や経常収支だけでなく大統領や首相の発言で動くこともある。事実、トランプ氏が米大統領選に勝利し、米国内のインフラ整備などの経済政策を

■図2-6：株価と為替レートは連動している

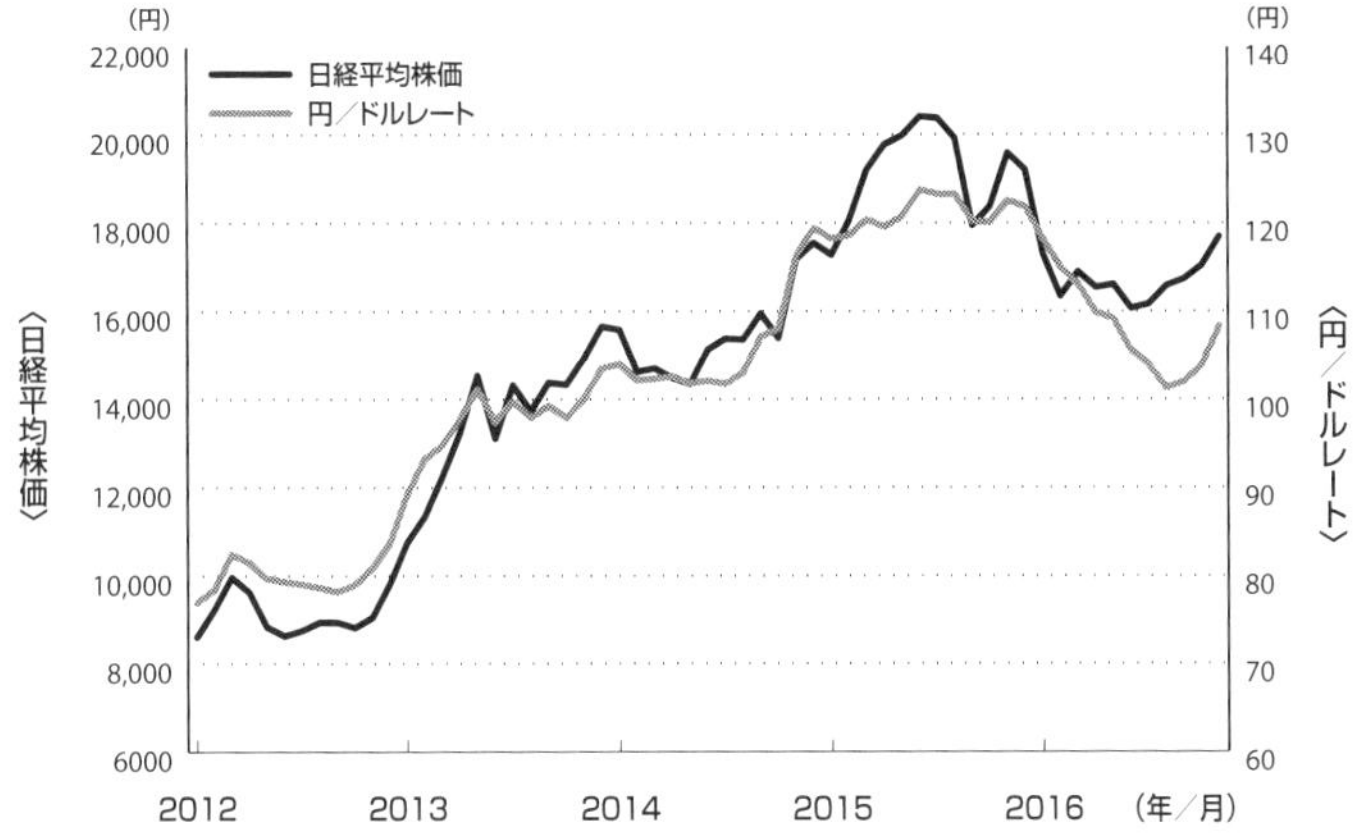

注：日経平均月初、為替レートは月中平均値（1ドル＝円）
出所：日経平均は日経新聞、為替レートは日銀統計データ

口にしただけでドル高＝円安になった。思惑で動くのが為替市場なのだ。

図2‐6を見ると分かるが、為替相場は2012年10月に円高から円安に動き始めている。この時に安倍氏は自民党総裁として「物価目標2％達成まで無制限の量的緩和」を訴え始めた。まさに円安の流れに乗った形での異次元緩和だったのである。円安にしたのではなく、円安の流れを加速したのである。さらに前述したように原油価格が上昇、物価は上向き始めた。ユーロ圏からの資金流入も止まった[viii]など、追い風が吹いたのだ。

こう考えると安倍首相は非常に運が良かったといえる。運の良さは人事にもあった。5年に一度の日銀総裁交代時期がめぐってきたことである。いくら強い政治を売り物にする安倍政権でも任期途中の日銀総裁の首をすげ替えることは至難の業だ。もし日銀総裁が白川氏だったら、安倍首相の意向を受けて量的緩和を拡大したとしても、「異次元緩和」のように大胆には行わなかっただろう。

逆に民主党政権最後の首相となった野田佳彦氏は運に見放されてしまった。15年11月に「衆議院を解散する」などと言わず、もう少し踏ん張れば、安倍政権ほどではないにしても、円安になり経済も上向いたのではないか。そうなれば選挙結果も少しは違ったかもしれない。安倍首相は単に運が良かっただけともいえるが、政治家は運も実力のうちだ。というよりも安倍首相は運を引き寄せたともいえる。野田氏は運を手放したのである。

さて円安に乗って株価は上昇した。相場を牽引したのは輸出比率の高い自動車、機械などの製造業の大企業の株価である。こうした製造業の大企業は、円安というだけで「棚からぼた餅」的に大幅な利益増となった。利益は賃金などで働く人に回ることなく内部留保に回されたのである。円安と株価は連動していることは図2‑6を見れば明らかだろう。円安から株高になったことは間違いないが、株価が上昇したのはそれだけではない。日銀、政府による株価下支えがあったからだ。日銀が購入を増やしているETFは投資信託なので、ETFの購入はそのまま株式市場を下支えする効果がある。

政府関係では、14年秋に年金積立金管理運用独立行政法人（GPIF）が、株式運用比率を変更、国内株の比率をそれまでの12％から25％に増やした。これも株価の下支え効果を高めた。一旦株価が下落するとＧＰＩＦの資産を毀損するという副作用がある。事実、15年度の運用実績は５・３兆円の赤字を計上している。「年金資産」を大幅に減らしたということで批判を浴びたが、逆に言えば年金資産を減らしてまで株価を支えているともいえる。

〔第２章　注〕

i　２０１６年９月５日「きさらぎ会」での黒田総裁の講演「金融緩和政策の『総括的な検証』――考え方とアプローチ」

ii　菅和聖、喜舎場唯、敦賀智裕「総括的検証」補足ペーパーシリーズ③「『量的・質的金融緩和』導入以降の政策効果――マクロ経済モデルＱ－ＪＥＭによる検証」

iii　翁邦雄（２０１３）２１６頁

iv　日銀当座預金には、金融機関が顧客から預かっている預金の一定割合を預けることが義務づけられている「準備預金」も含まれている。

v　物価水準は貨幣数量で決まるという学説。貨幣の数量が増えれば貨幣の価値が下がるので物価が上がるとされる。この貨幣の数量はマネーストックと理解されている。

vi　「日本経済新聞」２０１６年11月４日付け

vii　バフェット指標の株式時価総額は、各年4半期の月末の日本取引所グループ（東証1部上場企業）を用いた。名目GDPも各年4半期（旧基準）。2016年は9月末まで。11月以降の株価の急上昇は含まれていない。

viii　一橋大学名誉教授の野口悠紀雄氏は「2012年秋頃にユーロ危機が収束し、それまでユーロ圏から流入していた資金が止まった。このため円安が進行した」（野口悠紀雄（2014）187頁）と分析している。

第3章　金融政策は行き詰まり

異次元緩和を始めてから1年間は「効果」が出て順調に推移しているかに見えた。円安から株価は上昇、物価も上昇したからだ。この物価の上昇は、大半が原油価格の上昇と円安がもたらしたものだったことは前章で述べた通りである。ところが２０１４年に入り４月に消費増税を実施したあたりから、日銀が描いていたシナリオ通りに行かなくなる。そこで14年10月に追加緩和策の手を打ったのだ。しかし、追加緩和にもかかわらず物価変動は逆に下落方向に動いたのである。原油価格のさらなる下落と円安効果が効かなくなったためである（図2-2、図2-3参照）。

1　追加緩和からマイナス金利へ

追加緩和は不発

追加緩和策では、マネタリーベースを10兆～20兆円増やして年間約80兆円とした。そのために長期国債の保有残高を年間約50兆円から30兆円増やして約80兆円にしたのである。また、購入する国債をさらに長期国債にシフトするため、買い入れの平均残存期間をこれまでの6～8年から7～10年とした。このほか質的金融緩和策として株価指数などの指標に連動する投資信託であるＥＴＦと不動産の賃貸収入などを分配するＪ－ＲＥＩＴの買い入れを増やし、それぞれの保有残高を年間約3兆円（3倍増）、年間約９００億円（3倍増）とした。また、新たにＪＰＸ日経４００に連動するＥＴＦを対象に加えた。

この追加緩和の際に黒田日銀総裁は「三つの３」をキーワードにしている。

①長期国債の保有残高の年間増加額を「＋30兆円」

②長期国債買い入れの平均残存期間を「＋３年」

③ＥＴＦ、Ｊ－ＲＥＩＴの買い入れペースを「3倍」

黒田総裁は、追加緩和策についての記者会見で「初期の効果はあった」、「デフレマインドの転換は着実に進んでいる」と胸を張り、パネルを用いて説明した。異次元緩和の時と同様、語呂合わせを用いた。マスコミは「サプライズ！」と積極的に報道、中には「バズーカ砲第二弾」という表現を用いる新聞、週刊誌もあった。人々の心理にいかに効果的に働きかけるか考え抜いて行った施策といえよう。

効果的なサプライズのためには、人々の予想に反してあるいは予想以上の施策を用意する必要がある。小出しでは効果が薄れる。また、マスコミなどで話題になることも重要だ。こういうのを「受けねらい」というのだが、黒田総裁は考え抜いてやり切ったのだ。

しかし、サプライズも何度もやると効果は薄れる。柳の下にドジョウはいつもいるわけではない。やがてこのサプライズは、国民だけでなく市場参加者から「日銀不信」という形でしっぺ返しを食らうことになる。

マイナス金利についてはこの後で述べるが、導入のわずか1週間前の1月21日に参議院決算委員会で質問に答えて「現時点でマイナス金利は具体的に考えているということはございません」と言い切っている。一旦否定した方がサプライズ効果は高まると考えたのだろう。前言を翻す施策を発表すれば残るのは不信感だけだ。途中で気が変わったのか、それともだましたのか、いずれにしても日銀は何を考えているのか分からないということになってしまったのだ。

黒田総裁は異次元緩和を打ち出した際に「市場との対話を強める」ことを強調した。市場との対話のためには、事前に示唆する発言をするなどして様子をうかがうことが必要だ。しかし、それではサプライズにならない。黒田総裁は政策効果を高めるために行ったサプライズ作戦で市場との対話がなくなり、不信感を強めてしまったのである。

こうした反省もあって、2016年9月の「新しい枠組み」発表の際には、少し前あたりから総裁の考えの一端を漏らすようになった。「示唆」である。事前に総裁の考え方が伝わることで市場にも国民にも安心感が広がったのである。

マイナス金利のマイナス効果

日銀は、2016年1月の金融政策決定会合でマイナス金利導入を決めた。金融機関が保有する日銀当座預金にマイナス0・1%の金利を適用したのだ。金融機関は持っている国債を日銀に売却すると、その代金は日銀当座預金に積まれる。この当座預金を取り崩して民間企業などに貸し付ければよいのだが、需要がないため結局は積まれたままだ。異次元緩和以降、積み増しの一途となっていることはすでに述べた通りである。日銀当座預金残高は13年1月は43兆7400億円だったが、16年6月には302兆7900億円まで増えている。6・9倍となっているのだ。

その日銀当座預金の金利（付利）をプラス0・1%からマイナス0・1%にするというのが

「マイナス金利」である。正確に言うとマイナス金利の対象は毎月10兆〜30兆円程度なので、日銀当座預金のせいぜい1割程度ということになる。それ以外はゼロ金利とプラス0・1%という「3段階の階層構造」とした。また、国債買い入れの平均残存期間もこれまでの7〜10年から7〜12年とさらに長期にシフトしている。長期国債の買い入れを増やしたのだ（その後、16年9月の「新しい枠組み」で、平均残存期間の定めは廃止している）。

このマイナス金利政策のねらいはイールドカーブの下押しである。金利をさらに引き下げ、金融機関による民間企業などに対する貸し出しを増やすことがねらいだ。事実下がった。というよりも下がり過ぎた。長期金利までマイナス圏内に入り、カーブは全体としてフラットになったのだ（図2−1参照）。

なぜ日銀はマイナス金利を導入したのか。16年に入って中国経済の先行きや原油安、イランとサウジアラビアの国交断絶などの不安要因が重なり、世界同時株安となったため、安全な資産ということで円が買われ円高に向かった。正月明けの4日から8日までの5営業日で日経平均は7%、米国は6・2%、ドイツ8・3%、中国10%と軒並み大幅下落となった。

そこで投資家や金融機関関係者から再度の追加緩和を期待する声が強まったのである。やる目的はただひとつ、円安誘導である。円安にして株価を上げる、物価も上げる、ということであった。しかし、もし、再度の追加緩和をするとなれば、年間の国債購入をこれまでの80兆円から100兆円にするくらいの思い切った手を打たなければならない。小ぶりにすれば市場の反応は鈍くなるからだ。

黒田総裁は迷ったのだろう。すでに国債市場の流通機能は失われ行き詰まりを見せている。再度の追加緩和に踏み込めばさらにひどくなる。そこで「奇策」ともいえるマイナス金利となった。黒田総裁は量、質、金利の三方作戦と説明している。

マイナス金利になって何が起こったのか。イールドカーブは下押しされ、長期金利もマイナスとなって世の中の金利は一段と下がった。住宅ローンは金利が下がったことで金利の低いローンへの切り替えが進んだが、民間企業など向けの貸し出しは増加していない。

金融機関の経営は悪化

逆に副作用が目立ってきた。ひとつは金融機関の経営が厳しくなったことである。貸出金利は下がっても預金金利はこれ以上下げられないので、利ざやが縮まり利益が減少したためである。預金金利をマイナスにすれば、預金者からすれば金融機関に預金しても金利がつかないどころか、逆に手数料を払わなければならなくなるので、タンス預金の増加が予想される。三メガバンクは2017年3月期決算で、少なくとも合計3000億円程度の減益要因になるとしている。[ii] また地方銀行、信用金庫などは人口減少、地方の衰退など構造的な問題を抱えているだけにさらに深刻だ。マイナス金利を機に金融機関の日銀に対する不信感は高まった。

金融機関だけではない。市場関係者もマイナス金利政策導入を境に日銀に対する不信の念が強まった。前述したように黒田総裁が導入直前に否定したからだ。また、マイナス金利は量的緩和の行き詰まりと受け取られ、市場の先行きに対する期待感の減退につながった。

さらにもうひとつ。想定外ともいうべき「マイナス金利」という言葉のマイナスイメージである。マイナス金利は、低金利、ゼロ金利の延長線上にあるが、「マイナス」のイメージの悪さはぬぐいがたい。「日本経済新聞」16年5月12日付けによると、マイナス金利はあなたにとって「よい政策」と思うか、「悪い政策」と思うか聞いたところ「悪い政策」と答えた人が57・1%だった。「よい政策」と答えた人は15・2%、「どちらでもない」は26・0%だった。1月以降、消費は一段と低迷の度を深めたが、消費マインドの低下に多大な影響を与えたと見られる。

16年7月の金融政策決定会合では、ETFの買い入れ枠を、それまでの年間3・3兆円から年間6兆円とほぼ倍増した。マイナス金利導入後、4月、6月と2回連続で追加的な金融政策を行わなかったこともあり、「そろそろ何か手を打たねば」ということで行ったのである。量的緩和の行き詰まりの中でマイナス金利の深掘り（マイナス0・1%からさらに下げる）を行うという選択肢もあったが、経営悪化が著しい金融機関からの反発もあり、質的緩和で追加策を考えざるを得なかったのである。

ところが実施して半月過ぎた8月、ニッセイ基礎研究所による「日銀ETF大量購入の問題点——マッチポンプの日本的手法と企業経営に悪影響の懸念」[iii]と題する衝撃的なレポートが出た。日銀が大量に株を買うことで、一部の企業の保有比率が高まるという内容であった。同レポートによると「個別企業の株価が下支えされる」として、ミツミ電機は日銀の間接的な株式保有割合が11・2％から、1年後の17年7月には20・6％まで高まる可能性があるという。もちろん日銀が個別企業の経営に口出しすることはあり得ない。経営に関われない日銀の保有比率が高まると「株価が経営内容を正しく反映できなくなる恐れがある」と警告している。

2　日銀内で孤立するリフレ派

リフレ派の論理破綻

日銀は黒田総裁をはじめとしてリフレ派の理論に依拠して、量的緩和を進めてきたのは事実である。大量の国債購入を通じてマネタリーベースを増やし物価を上げることを想定していたからだ。この政策の急先鋒として鳴らした岩田規久男氏は、その学説が認められて副総裁に就任した。「2年後に物価目標2％が達成できなければ、責任をとって辞任する」と大見得を切ったことで知られる。

2013年3月5日の衆議院議院運営委員会での日銀副総裁候補者として「所信」聴取の際の発言である。

それは当然、就任して最初からの2年でございますが、それを達成できないというのは、やはり責任が自分たちにあるというふうに思いますので、その責任のとり方、一番どれがいいのかはちょっとわかりませんけれども、やはり、最高の責任のとり方は、辞職するということだというふうに認識はしております。

この発言に対し、質問をした民主党（当時）の津村啓介議員が念押しで「2015年の春の消費者物価の上昇率2%ということを目標とされる、そして、最高の責任のとり方としては、職をかけるということでよろしいですね」と念押ししたところ、岩田氏は「それで結構でございます」と答弁している。

ところが、その後、物価は思うように上がらず、14年半ば以降は下落の一途となった。岩田副総裁は14年10月28日の参議院財政金融委員会で「（達成できなければ）自動的に辞めると理解されてしまったことを、今は深く反省している」と、事実上発言を撤回してしまったのだ。

日銀の金融政策の舵取りを行う政策委員会は、総裁と2人の副総裁、6人の審議委員、合計9人で構成されている。この中で、リフレ派の双璧である岩田副総裁と審議委員の原田泰氏（2015年3月就任）は16年9月の「新しい枠組み」に対して当初反対だった。黒田総裁などが両氏に対し、量的緩和は継続ということで納得してもらったと、「日本経済新聞」9月29日付け「真相　深層」は伝えている。

同じ「日本経済新聞」で恐縮だが、9月22日付けの電子版の「日銀、マイナス金利温存の深謀遠慮―取材班キャップ座談会」では、日銀キャップが「日銀の主流派はリフレ派の論理を最初から信じていなかったし、量の拡大を主張してきた岩田規久男副総裁や原田泰審議委員も今回は賛成に回っている。彼らが自ら論理の破綻を認めた結果だ」と述べている。リフレ派の論理を最初から信じていなかった日銀の事務方が、緩和政策を壊さないために、あの手この手で仕掛けてきたという見方を示している。岩田氏と原田氏の論理破綻は明白で、日銀内でも相手にされていないような書きぶりである。

安倍首相のブレーンは誤りを認めている

そこで思い出されるのが、ある日銀政策担当者ＯＢの発言である。13年5月頃に雑談していて、筆者が「異次元緩和策をどう思うか」と聞いたところ「あれは金融の素人だからできたと思う。でも日銀の職員は黒田総裁のもとでちゃんと働きますよ」という返事が戻ってきた。この発言はずっと筆者の頭にへばりついていた。

日銀の政策担当者は、日銀の論理が破綻しないように考えながら政策を組み立ててきていたのだ。日銀の文書を読むと分かるが、日銀はリフレ派の経済理論と一線を画しているとまではいかないが、わずかだがズレがある。具体的には「マネタリーベースを増やせば予想物価上昇率が上がる」と言っているようで言っていないのである。図2-4を見ていただければ分かるが、予想物価上昇率を上げるのは「2%の『物価安定目標』への強く明確なコミットメント」であって、「大規模な長期国債買い入れ」は名目金利を下げる働きしかしない。

すでに述べたように、リフレ派の理論では「大規模な長期国債買い入れ」によってマネタリーベースが増え、いずれマネーストックの増加につながるという前提に立って理論が組み立てられている。この理論を支えていたのが「貨幣数量説」だ。ところが、日銀の公式文書では、長期国債買い入れで、マネタリーベースを増やし長期国債の利回り（金利）を下げる名目金利の低下にのみ着目しているのである。では、マネタリーベースの増加は予想物価上昇率に寄与しないのかというと、寄与するとも言っている。「総括的検証」の中では次のように書かれている。

マネタリーベースの拡大は、「物価安定の目標」に対するコミットメントや国債買い入れとあわせて、金融政策レジームの変化をもたらすことにより、人々の物価観に働きかけ、予想物価上昇率の押し上げに寄与したと考えられる。一方、マネタリーベースと予想物価上昇率は、短期的というよりも、長期的な関係を持つものと考えられる。したがって、マネタリーベースの長期的な増加へのコミットメントが重要である。

「難文読解」の類だが、要するにマネタリーベースの拡大は、日銀がやってきたその他の政策と併せ持って「人々の物価観」に働きかけたので、予想物価上昇率の押し上げに役に立ったと言っているのだ。役に立ったとは言っているが、どのような回路で役に立ったのかは触れていない。このあたりが日銀政策担当者の腕の見せ所だったのだろう。

もうひとつ指摘したい。「マネタリーベースと予想物価上昇率は、短期的というよりも、長期的な関係を持つものと考えられる」というくだりである。ならば、なぜ「2年で物価上昇率の2%達成」などという目標を定めたのか、長期的にしか寄与しないなら最初からじっくりやるべきだったのだ。日銀の政策担当者はリフレ派との蜜月の中で金融政策を行ってきたが、少しずつ距離を取り始めてきたということなのだろう。

日銀政策担当者は「日銀の無謬性」を貫徹するために苦労するが、政治家を支える経済学者は意外とあっけらかんとしている。安倍首相は13年2月7日の衆議院予算委員会で、当時民主党の前原誠司氏の質問に次のような答弁を行っている。

人口の減少とデフレを結びつけて考える人がいますが、私はその考え方はとりません。デフレは貨幣現象ですから。つまり、金融政策においてそれは変えていくことができるわけであって。

「デフレは貨幣現象」とはっきり述べているのだ。ところが安倍首相を支えた浜田宏一氏は、あっさりとこの誤りを認めてしまった。「私がかつて『デフレは（通貨供給量の少なさに起因する）マネタリーな現象だ』と主張していたのは事実で、学者として以前言っていたことと考えが変わったことは認めなければならない[iv]」。安倍首相は、ブレーンにはしごを外されてしまったのだ。

浜田氏が2013年に共著で出した『リフレが日本経済を復活させる』（中央経済社）には、「デフレは貨幣現象であり、そうであるからこそデフレ脱却には金融政策が不可欠という私たちのアイデアを理解する安倍晋三総理の登場で、流れは大きく変わった」（1頁）と書かれている。また「デフレは本質的に、かつすぐれて貨幣的問題」（22頁）という記述がある。浜田氏とともに同書の著者である岩田規久男氏と原田泰氏の考えは変わっていないのだろうか。

日銀の政策委員会に足並みの乱れ

日銀政策担当者による用意周到な動きと別に、金融政策を決める政策委員会の足並みの乱れは早くからあった。異次元緩和の決定は全員一致だったが、2014年10月の「追加緩和」は5対4という僅差となった。さすが「サプライズ」を是とする黒田総裁も心中穏やかでなかったに違いない。緩和拡大に反対したのは、木内登英氏、佐藤健裕氏、石田浩二氏、森本宜久氏の4人の審議委員である。

そこで黒田総裁がとったのは、緩和拡大反対派の切り崩しである。森本氏は東京電力出身。15年3月に5年の任期を終了すると後任にトヨタ自動車出身の布野幸利氏を当てたのだ（衆参両院の同意を得て内閣が任命）。円高にメリットがある電力会社から円安のメリットを受ける自動車メーカー出身者へ。分かりやすい人事である。

そして15年12月に小規模な緩和策である「追加措置」を行ったが、この時の国債買い入れの平均残存期間の長期化の採決では6対3となった。3委員は依然として反対である。木内氏はマネタリーベースの残高の増加を年間80兆円から45兆円程度に縮小する提案（賛成は同氏のみ）を行っている。もうひとりの「緩和拡大反対派」である石田氏の任期は16年6月まで。後任は新生銀行執行役員の政井貴子氏となった。もちろん緩和推進派である。その3ヵ月前の3月にはマイナス金利導入に反対した白井さゆり氏が、エコノミストとしてほとんど無名だが、マイナス金利に賛成している桜井眞氏に交代している。

黒田総裁は、このように緩和拡大反対派の差し替えで凌ごうとしているが、マイナス金利導入以降、量的緩和から金利操作にシフトしたため、今度はリフレ派の反発を招いている。

ところで木内氏は、14年10月の「追加緩和」を決めた金融政策決定会合で「2%の『物価安定の目標』の実現は中長期的に目指すとしたうえで、『量的・質的金融緩和』を2年間程度の集中対応措置と位置付ける」という提案を行っている。提案した木内氏以外の賛同は得られなかったが、もし木内氏の提案が通っていれば金融政策のみならず日本経済の風景も変わっていたであろう。

3　金融政策の今後

国債保有高める日銀にリスク

2016年9月の金融政策決定会合で決めた「新しい枠組み」はどこまで機能するだろうか。日銀は、量的緩和と長期金利操作の二刀流を操ることになったが、軸足は量的緩和から金利操作に移したことだけは確かだ。

第一は、量的緩和を続行することの問題である。現在、日銀は国債を毎年80兆円買い増しているが、毎年約40兆円の国債を償還しているので、この分を加えると約120兆円購入していることになる。「新しい枠組み」では物価目標である2%を超えるまで続けることになっている。すでに日銀の保有残高は16年11月30日時点で410兆3905億円、これは名目GDP比で76・4%、全国債発行残高（1105兆4491億円）[v]に対して37・1%となる（図3-1）。

米国のFRB（連邦準備制度理事会）の対名目GDP比は約25%、ECB（欧州中央銀行）は約30%だ。いかに日本の量的緩和が異常であるかが分かるだろう。この先、大量の国債購入をいつまでも続けた場合、まさに前代未聞の事態到来ということになる。

こうしたことから日銀の国債の購入は、2017、18年に限界に達するという見方が出ている。IMF（国際通貨基金）の2人の研究員が、15年8月に発表した論文[vi]の中で、投資家、銀行、保険会社などの資産構成のバランス（ポートフォリオバランス）を考えると、日銀の国債買い占めはそろそろ限界と主張している。銀行が取引先の担保として、また保険会社のALM（資産・負債の総合管理）で国債を必要とするからだ。金融機関としては、安定資産である国債をすべて吐き出すわけにはいかないのである。

また、日本経済研究センター理事長で元日銀副総裁の岩田一政氏は、左三川郁子氏、日本経

■図3-1:日銀の国債保有額が急増している

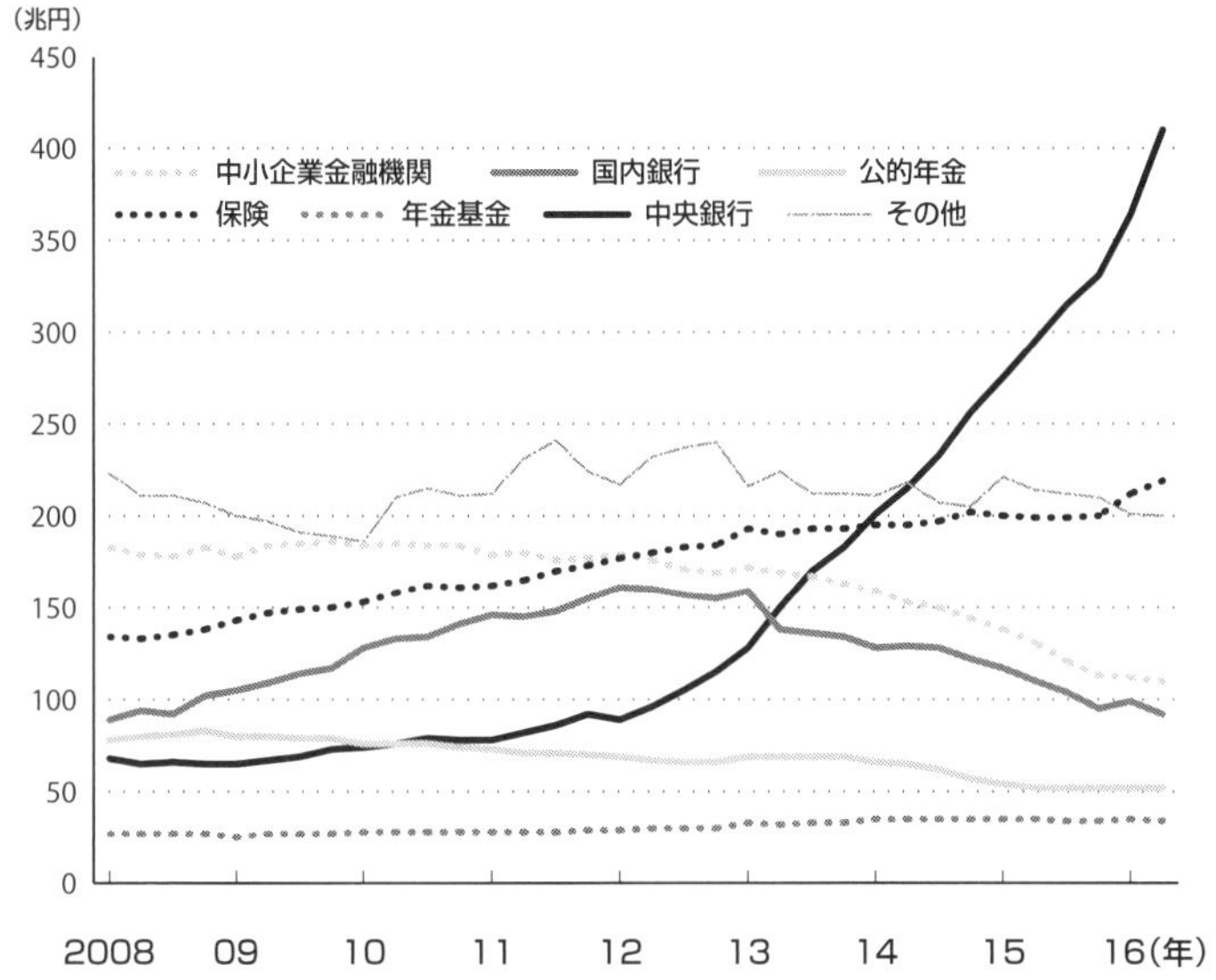

出所:日本銀行「資金循環統計」

済研究センターとの編著『マイナス金利政策』（日本経済新聞出版社）の中で、このまま年間80兆円の国債の購入を続ければ、日銀は17年6月に限界に達すると警告している。同書によると、生保各社の財務諸表を分析したところ、「国内生保は国債の売却を積極的に進めていない」（96頁）。これは「保険契約を生保側から見ると、長期かつ円建ての債務であるため、生保は資産と負債で期間ミスマッチや通貨ミスマッチが発生しないよう、長期の国債を安定資産として保有している」（同）ためだ。

岩田一政氏は「民間の金融機関は、担保や運用などで、ある程度は国債を保有しなければならない。日銀は価格をつり上げてでも買うしかないが、来年（17年）半ばには今の規模で買い続けるのが難しくなると思う」（「産経新聞」16年7月7日付け）と述べている。

実は日銀の審議委員の中でも同様の見方を示している人がいる。木内登英委員だ。同氏は13年4月の異次元緩和には賛成したが、その後は副作用が大きくなるとして反対に回っている。同氏は15年12月3日に資本市場研究会で行った講演で「日本銀行の国債買い入れの限界が突然意識された場合、（中略）タームプレミアムの大幅な上昇につながる可能性」があると指摘している。「タームプレミアム」というのは、長期債を保有する際に上乗せされる金利のことである。金利差が大きくなればイールドカーブは右肩上がりになる。逆に縮まればフラットになる。右肩上がりを「立つ」、フラット化を「寝る」という。金融業界の業界用語である。

この講演については、「日本経済新聞」（15年12月4日付け）が報じている。記者が会場で直接講演を聴いていたようである。同記事によれば「日銀が現在の年80兆円規模の国債買い入れを続けていくことは難しいとの認識を示したうえで、市場が金融緩和の限界を見透かせば『金利が跳ね上がり、経済に大きな打撃を与える可能性がある』と話した。買い入れのペースを落とし『安全運転にシフトしていくことが重要』と主張した」という。木内氏の講演の最初の引用は日銀のＨＰに掲載されていたものである。日銀のスタッフがテープ起こしをして、角をとって無難にまとめた文章である。記者は木内氏の最も厳しい言葉を抽出して掲載したのだろう。

同じ講演でもこれだけ差があるという事例としても、おもしろいかもしれない。

岩田一政氏等は前出書で、木内委員の提案しているマネタリーベースの増額目標を80兆円から45兆円に縮小した場合、日銀の国債買い入れは19年3月まで可能[vii]との見方を示している。

日銀に不信強める金融機関

流通する国債が細る中で、マイナス金利政策の影響で国債利回りが低下し、金融機関は損失が出ている。このためメガバンクの中で対応に変化が出てきた。三菱東京ＵＦＪ銀行は２０１６年６月13日、国債入札に有利な条件で参加できる特別資格「国債市場特別参加者（プライマリー・ディーラー）」の指定を財務省に返上した。国債市場特別参加者の指定を受けると入札で発行予定額の４％以上の応札義務などがある半面、市場動向に関して財務省と定期的に意見交換ができるというメリットがある。もともと国債の安定的な消化のために作られたもので、金融機関としては財務省と良好な関係を維持できるが、同行は４％以上の応札義務は負担ととらえたようだ。

三菱東京ＵＦＪ銀行に続くメガバンクはない。しかし、マイナス金利でどの銀行も購入額を絞り始めている。中国地方の広島銀行、山陰合同銀行など地銀４行は、国債の新規購入をやめることを表明している[viii]。明らかに銀行の「国債離れ」が進行しているのである。生命保険会社も同じような動きをしている。生保主要10社は、16年4―9月期における国債投資残高は2兆2000億円の純減だった。[ix] 国債を買わなくなってきているのだ。日銀がマイナス金利の深掘り（さらなる金利の引き下げ）などしようものなら、金融機関の反発は必至で、とても実施できる状況ではない。

第二は、日銀が国債を抱え込むことの問題である。もし外国の格付け機関が日本国債の格付けを低くするなど、何かをきっかけにして国債が暴落（金利が高騰）すれば、国債を抱え込んだ日銀の資産はたちまち劣化する。また、いずれ行われる日銀の出口戦略による国債放出は、国債価格の下落（金利の上昇）を招くだろう。そうなると低金利で何とかやりくりしてきた政府の財政は厳しくなる。国債の利払いなどの国債費が増加するからだ。もちろん国の予算はこうしたことを見込んで予防措置をとっている。16年度予算の場合、金利が年1・6％まで上昇する場合を見込んでいる。もっとも超低金利が続いているため、16年度は13～15年度の年1・8％から0・2％引き下げた。また、16年10月に成立した16年度第2次補正予算の財源には国債費から4175億円が振り替えられた。低金利が続いているので振替が可能になったのだ。

もし金利が上昇し国債費の増加が見込まれるようになると、財務省は日銀に対して国債の買い入れをするように圧力をかける可能性がある。出口戦略の際も同様である。

長年国債を研究してきたみずほ総合研究所チーフエコノミストの高田創氏は、『国債暴落』

（中央公論新社）の中で、「（金融機関の）皆が画一の『ＶａＲ』手法でリスク管理を行えば『国債暴落』に至る『合成の誤謬』を生んでしまう」（34頁）と指摘している。ＶａＲ手法というのは、過去のデータから一定期間でどれだけリスクがあるかの予測を行うやり方で、「この手法を市場参加者の多くが採用すると、相場下落時には一斉に売りが生じ、さらに下落に拍車がかかる可能性」（33頁）があるという。実際に03年6月に「ＶａＲショック」が発生、13年5月にも「ミニＶａＲショック」状況が生じたという。

駅のホームで事故が起きた時、中央口階段よりも北口階段の方が人の流れが少ないという過去のデータを知っている多くの人が北口階段に殺到、パニックになったようなものだ。一人ひとりにとっては正しい判断が、全体としては誤っているという「合成の誤謬」はよく生じる。

第三は日銀が国債を買い占めることで金利が低下し、国の財政が安定的に支えられていることである。事実上、日銀が国の財政をファイナンスしているのが実態といえるだろう。

日銀が政府から直接国債を買い入れることは、財政法第5条で禁止されている。日銀はあくまで市中から購入しなければならない。ところが、異次元緩和以降、新発債を購入した金融機関がその新発債を日銀にすぐに売却するケースが増えている。これは日銀が長期国債の買い入れを長期国債にシフトしたためだ。マイナス金利導入の際には、国債買い入れの平均残存期間をこれまでの7～10年から7～12年とした。しかし、残存期間が長期の国債を購入すると、当然のことながら償還までの期間が長くなる。そうなると日銀が抱える国債はさらに膨らみ、リスクが増すため、「新しい枠組み」では、残存期間のしばりを廃止せざるを得なかったのである。

日銀が国債を大量に購入すると金利が下がるので、政府の負担は楽になる。それならさらに国債を増発しようという考えが政府の中に出てくる。景気が下向きになり所得税、法人税などが減収になれば歳入の減少を補う必要が出てくるからだ。安倍政権は財政政策に軸足を移している。国債増発で財源を確保という「いつか来た道」を歩む可能性は高い。

「無利子無期限国債」の発行というアイデア

国債を増発させるためには低金利でなければ困る。「もし金利が上がったら」という恐怖感は政府には強い。それなら一層のこと無利子の国債を日銀に引き受けてもらったらどうか、あるいは「償還なし」、「政府は日銀に元本も返さない」、つまり日銀が永久に保有する国債を発行したらどうかというアイデアが出てきてもおかしくない。

実際にこうした提案をしている人がいる。立命館大学教授の松尾匡氏である。同氏は『この経済政策が民主主義を救う』（大月書店）の中で、政府が大量の国債（永久債）を発行し、すべて日本銀行が直接買い取り、政府は得た資金で福祉、医療、教育や子育て支援を充実させると提案している。しばらくは年間10兆円の予算の上積みが可能と言う。

この論は、政府や日銀による2%の物価目標は、必ず達成することを前提としている。日銀によるサプライズも必要で、「異次元緩和」の効果は出ていると評価する。このように素晴らしい政策を批判するのではなく、大胆にやって安倍政権と違って国民のためになる社会保障や教育政策に活用しようと提案しているのだ。

松尾氏によれば、この政策はヨーロッパでは「人民の量的緩和」として、イギリス労働党のジェレミー・コービン党首だけでなく各国左派がこぞって採用、リベラルな経済学者で知られるジョセフ・スティグリッツ、ポール・クルーグマン氏なども推挙しているという。さらに松尾氏は、ケインズ理論の復権の中から「復活ケインズ理論のリフレ派」の流れが生まれていると見ている。

ヘリマネの提案も

似たような発想にヘリコプターマネーがある。略称「ヘリマネ」といわれ、議論が活発になっている。「ヘリマネ」は、政府がヘリコプターで国民に紙幣をばらまくと、国民はものを買ったり、サービスを受けたりするので需要が増え、経済は活性化、名目GDPは増えるというものである。経済学者のミルトン・フリードマン氏が1969年に最初に提唱したとされている。

政府が紙幣をばらまくためには、紙幣を中央銀行から調達しなければならない。そこで「無利子永久国債」を政府が発行、中央銀行が直接引き受けるということになる。あるいは政府が紙幣を発行するという案もある。「ヘリマネ」を実際にやろうとすると、ヘリコプターで紙幣をばらまくわけにはいかないので、政府からの給付金という形になる。

「ヘリマネ」の議論のポイントは、政府が発行した「無利子永久国債」を中央銀行が直接引き受けるかどうかにある。しかし、前述したように財政法第5条で日銀による国債直接引き受けは禁じられている。

しかし、同条には「特別の事由がある場合において、国会の議決を経た金額の範囲内では、この限りでない」という但し書きがある。国会が議決すれば可能なのだ。また、「日銀乗り換え」という形だが、新発債の直接引き受けが可能という規定もある。この「日銀乗り換え」は、日銀が保有する国債が満期を迎えると、国会の議決を経た金額の範囲内で、1年間に限って現金償還を延長し、現金の代わりに短期国債を受け取るというものだ。早稲田大学教授の若田部昌澄氏は、「日銀乗り換え」も「新規国債を直接引き受けている」ので「法律上の障害はないと考えられます」と述べている。ヘリマネ政策に法律的な制約はないと言いたいようだ。

しかし、特別会計予算の総則で、日銀が引き受ける国債の限度額を「同行の保有する公債の借り換えのために必要な金額」と定めるなど、引き受けの規定は厳格な上、1年物割引短期国債の償還は現金で償還されている。「ヘリマネ」と「日銀乗り換え」を同列に置くことはできないだろう。

FRB前議長のベン・バーナンキ氏は、日本はヘリマネ政策を採り入れるべきだと提案している。自らのブログ（16年9月21日付け）で「ヘリコプターマネー政策の意味をどう規定するかによるが、政府の借金の金利を0％に維持する政策は、財政ファイナンスのいくつかの要素を有している」と記した。これは「新しい枠組み」は10年債の金利を0％にペッグするもので、広義の意味でヘリマネになるのではという見方を示したものだ。

元英金融サービス機構（FSA）会長のアデア・ターナー氏は、「国民の銀行口座に現金を入れたり、あるいは特別な商品券を配布したりする」ことが考えられ、その財源は「日銀内にマネーファイナンスを担当する政策委員会を設置し、政府とは独立した形でマネーの供給量を決める」[xi]というアイデアを披瀝している。

このような案が出るほど日銀は追い込まれてきているともいえる。いずれにしても異次元緩和の失敗のつけは大きい。日銀は出口のない緩和に突き進んでいる。

〔第3章　注〕

i　「日本経済新聞」2016年1月9日付け

ii　「日本経済新聞」2016年8月13日付けによると、金融庁は日銀のマイナス金利政策が、3メガ銀行グループの2017年3月期決算で少なくとも3000億円程度の減益要因になるとの調査結果をまとめ、日銀に懸念を伝えている。

iii　井出真吾「日銀ETF大量購入の問題点――マッチポンプの日本的手法と企業経営に悪影響の懸念」「基礎研レター」2016-08-08、ニッセイ基礎研究所

iv　「日本経済新聞」2016年11月15日付け

v　2016年6月末時点

vi　「Portfolio Rebalancing in Japan: Constraints and Implications for Quantitative Easing」(「IMF WORKING PAPER」) 2015年8月

vii　岩田一政ほか(2016) 98頁

viii　「日本経済新聞」(電子版) 2016年10月12日付け

ix　「日本経済新聞」2016年10月29日付け

x　「やさしい経済学・ヘリコプターマネーとは何か⑦」(「日本経済新聞」2016年6月24日付け)

xi　「日本はヘリコプターマネーを本気で検討せよ　英金融サービス機構元長官、アデア・ターナー氏の警鐘」『日経ビジネス』2016年5月2日号

第4章 「デフレからの脱却」の落とし穴

公共事業による財政政策にシフトし経済成長をはかることも、2%の物価目標に向けて極端な量的緩和を行うことも、どちらにも共通するものがある。それは「デフレからの脱却」である。安倍首相もこと経済の話になると、必ずと言っていいほど「デフレからの脱却」を強調する。2016年9月26日の臨時国会での所信表明演説では「G7の議長国として、日本はその責任を果たす。あらゆる政策を総動員いたします。事業規模28兆円を超える経済対策を講じ、内需を力強く下支えします。アベノミクスを一層加速し、デフレからの脱出速度を最大限まで引き上げてまいります」と発言している。マスコミでも「デフレからの脱却」という言葉は日常茶飯事に登場する。

ここでは二つの設問を提示したい。ひとつは、デフレをどう見るのか、もうひとつは「デフレ脱却」は日本経済にとって最重要課題なのかである。

1　デフレの定義

そもそも、デフレとはどのような現象なのか。デフレは改めて言うまでもなくデフレーションの略である。対語はインフレーションである。このデフレーションについて内閣府は「少なくとも2年間継続的に物価が下落する状態」と定義している。この定義をもとに内閣府は、日本経済は１９９９年から２００６年までデフレが続き、その後、２００９年11月から再度デフレに陥ったとしている。物価動向を示す指数は通常、「生鮮食品を除いた総合」を用いている。

内閣府のデフレの定義は、国際通貨基金（ＩＭＦ）と国際決済銀行（ＢＩＳ）の定義を採用している。この定義によるデフレは景気判断と切り離されている。この点は重要だ。というのは、デフレはあくまで物価をめぐる経済現象なので、不況のデフレだけでなく景気の良い時のデフレもあることを示しているからだ。ちなみにインフレでありながら不況というのもある。こちらは「スタグフレーション」と名付けられ、70年代にオイルショック後の不況で経験済みである。

ところで、16年の物価上昇率は3月から10月まで8ヵ月連続して前年同月比でマイナスを続けている。これはもうデフレではないのか。２０１２年版「年次経済財政報告」の内閣府のコラム「デフレの定義」にはおもしろい一文がある。

２００９年11月になり、再び物価の持続的な下落が続いていることから、デフレ状況にあるとの判断を行った。二度目の判断に際しては、国際機関の「２年」という期間は経っていなかった。しかし、政府としては、指標の状況などから物価の基調的な方向が確認できるのであれば、必ずしも「２年」の経過を待つ必要はないと考え、物価下落が半年程度続いていたこと、需給ギャップも大幅なマイナスであったこと等から、デフレ状況とみなしたという経緯がある。

当時の物価上昇率を見ると、09年11月まで３ヵ月連続でマイナスを記録した。８月の０％をはさんで７ヵ月連続、４月の０％を加えると８ヵ月連続である。この数字で「デフレ状況にある」と判断したのだ。

では16年はどうか。３月から８ヵ月連続でマイナスが続いているのだが、２月の０％をはさめば、１月はマイナス０・１％なので10ヵ月連続と表現することもできる。「デフレ状況」と判断してもおかしくないはずである。「デフレに戻った」と宣言しないのは、おそらく安倍首相の「デフレ脱却は道半ば」、「デフレ脱却までもう一息」という言葉との整合性がとれなくなることを恐れているのだろう。しかも、デフレに戻ったということになれば「アベノミクスは失敗だった」という評価が確定してしまう。「1ヵ月でいいからプラスになってくれないか」と官邸も内閣府も気をもんでいるのではないか。

デフレの定義に話を戻す。筆者なりにデフレについて整理してみた。

①デフレ
②デフレ不況
③デフレスパイラル

「デフレ」は、内閣府の定義通りである。景気と別の概念だ。「デフレ不況」というのは、景気後退局面で需要が減退し供給が過剰になる。したがって物価は下落する。よく見られる現象である。新聞などメディアで使われる「デフレ」は「デフレ不況」の意味で使われることが多い。

「デフレスパイラル」は、意味合いが異なる。「デジタル大辞泉」によれば「物価下落と利益減少が繰り返される深刻な状況。デフレによる物価の下落で企業収益が悪化、人員や賃金が削減され、それに伴って失業の増加、需要の減衰が起こり、さらにデフレが進むという連鎖的な悪循環のこと」と定義されている。つまり物価下落→利益減少→賃下げ・失業増→需要の減退

→物価下落という悪循環である。不況で容易に好況に戻れない状況といえる。このようにデフレという場合には、いくつかの意味合いがあるので正確に使用すべきである。

ところが、マスコミのみならず経済学者も、デフレという概念をデフレ不況やデフレスパイラルまで含んで使うことが少なくない。このことが議論を分かりにくくしているのである。

前述したようにデフレでも好況になることもある。事実、02年2月から08年2月までは、「いざなみ景気」といわれ戦後最長の景気拡大期間（73ヵ月）となった。物価上昇率はマイナスが続き（一時的にプラスに転じたこともあった）、「実感なき景気回復」といわれた。その後、リーマン・ショックを経て、12年11月以降、景気の拡大が続いている。

「マイルドなデフレ」

さらに、デフレについては「マイルドなデフレ」と「厳しいデフレ」を分けることもできる。物価上昇率で言うと0〜マイナス0・5%、マイナス0・5%以下で分けるのである。不況期あるいはデフレスパイラル期は、ほぼマイナス0・5%以下であるからだ。また、デフレ下での景気回復局面は0〜マイナス0・5%となっている。「マイルドなデフレ」は「ゆるやかなデフレ」と言ってもいい。

デフレにはもうひとつある。資産デフレである。こちらは不動産や株式などの金融資産の価

■図4-1:ほとんどがマイルドなデフレ

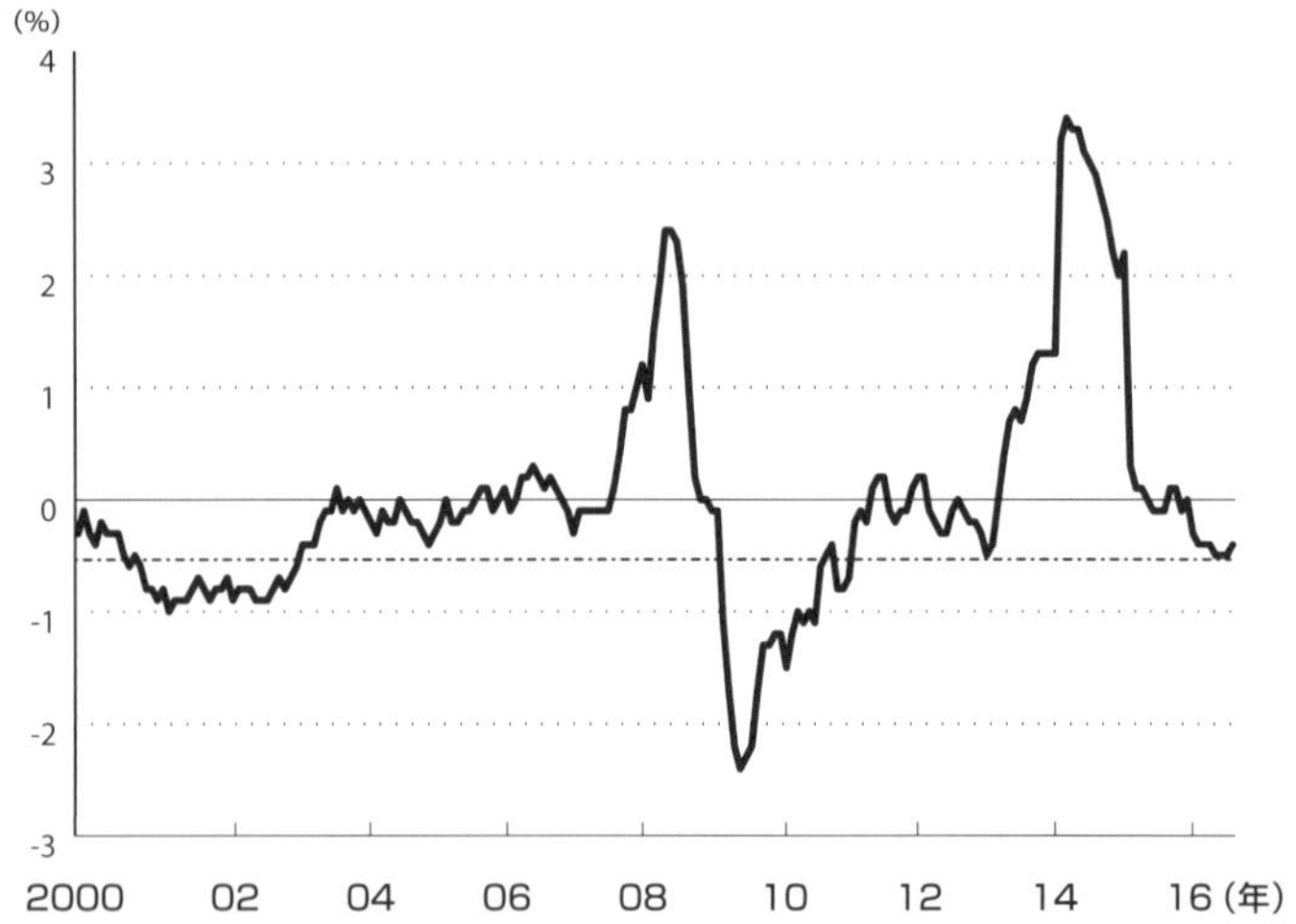

注:毎月の消費者物価指数(生鮮食品を除く)の前年同月比
出所:総務省「消費者物価指数」

格の下落が長期にわたって続くことである。90年代前半のバブル経済崩壊後に資産デフレとなったことは記憶に新しい。資産デフレが通常のデフレと相互作用を及ぼすこともある。

マイルドなデフレと言ったのは思いつきではない。2000年以降の物価上昇率(生鮮食品を除く総合)の推移(図4-1)を見ていただきたい。マイナス0・5%で見ると問題になるのは01年から03年までと08年の終わりから11年あたりまでということが分かる。04年から07年は0%を境に上がったり下がったりしていたのだ。

以上のように整理すると、デフレ

をめぐる議論が分かりやすくなると思うのだが、デフレをデフレ不況もデフレスパイラルも一緒くたにしてとらえる人が、特にリフレ派に多い。なぜ一括りでとらえるのかだが、リフレ理論を体系化するためにはデフレ不況もデフレスパイラルもひとつのものとしてとらえ、単純化した方が都合がいいからではないかと筆者は見ている。

デフレはなぜ悪いのか

では、デフレはなぜ悪いのだろうか、日本経済にとってデフレ脱却は最重要課題なのだろうか。次にこうした設問が浮上してくる。筆者なりに整理してみると。理由は二つあると思う。

ひとつは、デフレは長い間続くと慢性病のようになって日本経済を蝕むという考え方である。だからマイルドなデフレでも放っておくことはできないと考えるのだ。実は黒田総裁自身が、講演でこの「マイルドなデフレ」を取り上げている。

マイルドなデフレであったとしても、それが15年を超える長期にわたって継続してきたため、累積的なコストが極めて大きくなっている。（中略）0・3％のデフレが15年続けば、物価水準は5％下落していることになりますが、（中略）マイルドなデフレであっても、それが長期にわたって継続した場合、経済主体の中長期的な意思決定に与える影響が大きい[ii]。

黒田総裁は、おそらく人々の中でデフレマインドが強くなってしまい、強気の投資行動ができなくなっている、と言いたいのだろう。デフレ根性が身体に染みこんでしまうというのだから、まさに「慢性病」である。

確かにデフレになると物価が下がり貨幣価値が上がるので、お金は持っていた方が得になると考え、そのお金を使ったり投資せずに蓄えておこうという行動になりがちなのは事実である。しかし、ちょっと考えれば分かるが、企業の経営者が投資に動かないのはデフレで貨幣価値が上がるからだけではない。需要が見込めなければ設備投資はしないし、人々は雇用が不安定なら住宅を建てない。別の要因の方がはるかに大きいのである。まして、マイナス0・5％未満のマイルドなデフレであればなおさらである。黒田総裁が言うように投資する人は15年間で5％下がったなどと考えるだろうか。この点もはなはだ疑問である。ドルに投資しようとする人が、15年前の為替水準と比較して意思決定することはまずあり得ない。これと同じことだ。

マイルドなデフレを放っておいていいと言う人はいないだろう。対策は必要だが、その答えが極端な量的緩和である異次元緩和というのは解せない。百歩譲って異次元緩和を行ったとしても、所詮一時的な効果しかないモルヒネみたいなものなので、2年と区切って実施、その後は量的緩和を縮小すべきであった。追加緩和、マイナス金利と泥沼に入り込んだのは、マイルドなデフレに対する対応策を誤ったということなのではないのか。

「デフレは不況を呼ぶ」のか

「マイルドなデフレ」は、放っておけばデフレ不況になるというとらえ方もある。リフレ派の代表的な論客のひとりである上武大学教授の田中秀臣氏は次のように書いている。[iii]

デフレは不況を呼びます。財政危機を進行させ、失業率を高め、円高を招いて輸出産業を苦しめ、やがては全産業に困窮が及び、日本経済全体を疲弊させてしまうのです。

継続的な物価下落を放置すればデフレ不況になり、さらにデフレスパイラルに陥ると言いたいのだろうか。しかし、これもおかしな論である。第3章で見たように現在の日本の物価は原油価格と為替相場に大きく規定されている。必ずしも需給がタイトにならなくとも原油価格が高騰し為替相場が円安に振れれば物価は上昇するのである。２０１３年の物価上昇がこの典型であった。逆に14年は原油価格の暴落と円安がストップしたことで物価上昇率はマイナス方向に動いた。

マイルドなデフレであっても、これがしばらく続けばいずれデフレ不況に陥る。悪い芽は早

■図4-2:主要国のインフレ率は下落傾向

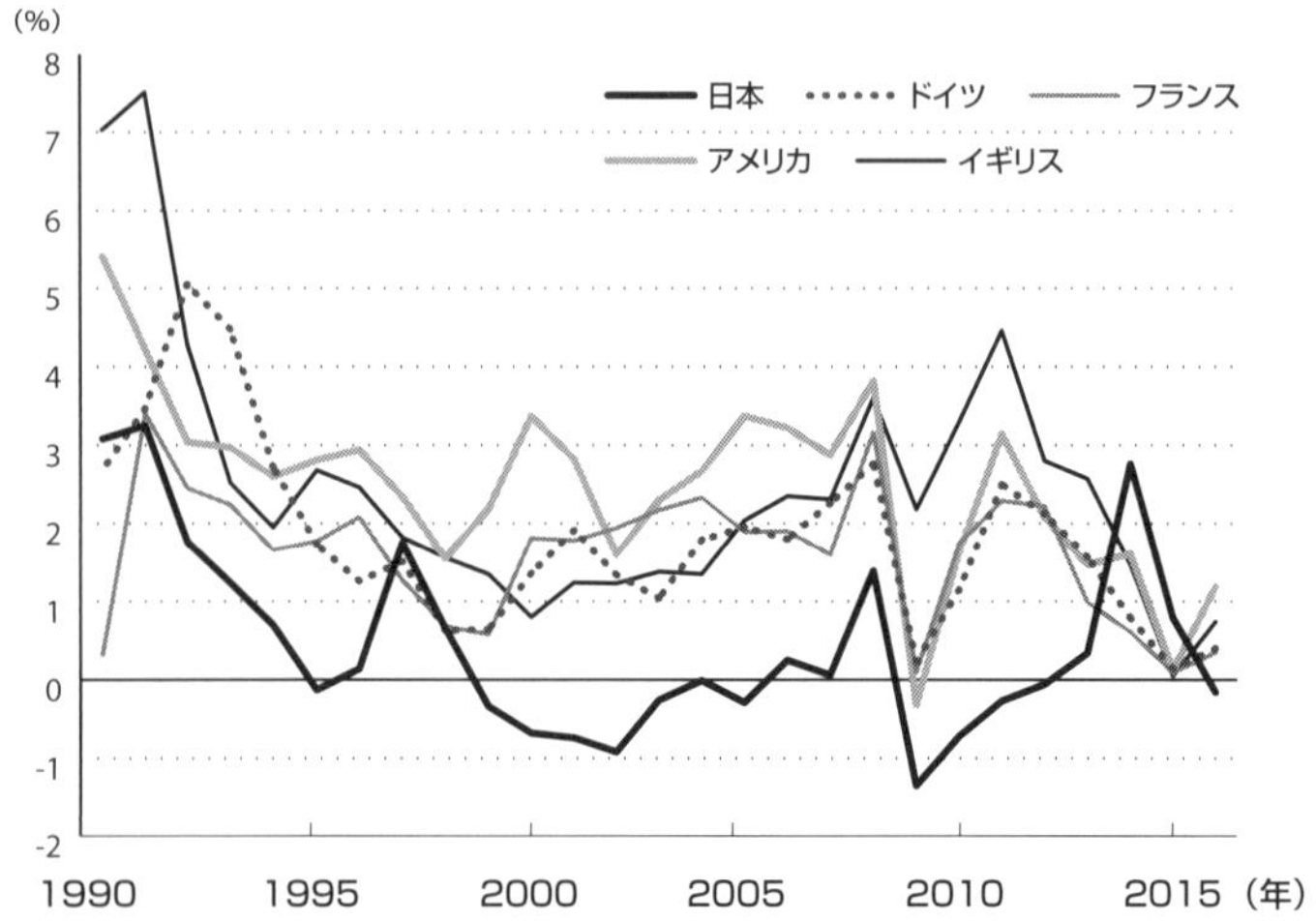

出所:World Economic Outlook Datebases

く摘めということなのだろう。しかし、マイルドなデフレの時とデフレ不況やデフレスパイラルの時とでは、対策は異なるはずだ。しかも、景気が先行き上向くのか、落ち込むのかによっても変わってくる。こうした点を整理して論じないと経済政策にはならないのではないか。

ではデフレは何によってもたらされるのだろうか。この点については諸説あり、論争は続いている。もちろんこれは日本におけるデフレをめぐる論争だ。図4－2を見ていただきたい。

日本だけでなく、米英独仏といった主要国の物価上昇率は下落傾向にある。その中で日本だけが99年からマイナスとなっている。なぜ日本はマイナス圏に突入しデフレに陥ったのだろうか。この図からは日本には構造的な問題があるのではないかとも考えられるし、あるいはどの国もインフレ率の低下の方向にあり、日本はその先頭に立っているとも読める。

デフレと賃金の下落

デフレはなぜ起こるのか、どのような対策を採るべきなのか。次にこうした点を考えたい。賃金の下落がデフレを起こしたのか、デフレが賃下げを招いたのか。「ニワトリが先か卵が先か」ではないが。どちらにしても賃金の下落とデフレに相関関係があることだけははっきりしている。では、賃金はなぜ下がったのか。バブル経済崩壊や景気悪化などで労組が雇用確保を優先し賃金で譲ったことや会社法の改正などで株主優先の経営姿勢に変わったこともあるが、最大の理由は中国、ＡＳＥＡＮ諸国との競争から賃金に下方圧力がかかったことである。賃金の低い非正規労働者を増やすことで人件費全体を圧縮する手法をとったため、平均賃金は下落したのである。

名目賃金は１９９８年から２０１３年まで、00年、05年、06年、10年を除き、ほぼ毎年マイナスを記録している。これでは消費が活発になるわけがない。ものが売れなくなって収益が悪化した企業が賃下げを行った。確かにその通りなのだが、なぜ収益が悪化したのか、激しい値下げ合戦と賃下げは、中国やＡＳＥＡＮ諸国から低賃金で作られた安い製品が入ってきたことと大いに関係がある。衣料品もパソコン、携帯・スマホ、液晶テレビ、２０００年代前半に主力商品だったＤＶＤレコーダー、２０００年代後半に売れた一眼レフカメラなどなど。野菜も冷凍食品も一戸建ての木材も輸入品だ。

英国のＥＵ離脱表明やトランプ氏の米国大統領就任などで変化はあるが、このグローバル経済の大きな流れは変わらないだろう。グローバル経済による賃下げ圧力と物価下げ圧力がデフレの大きな要因となったのである。これは日本だけではない。図３－２はその象徴のグラフといえよう。日本経済は、日中韓を軸にしてＡＳＥＡＮを加えた東アジアの経済統合を最大限活用しながら付加価値の高い市場を形成する以外に生き残る術はないだろう。

２　「デフレからの脱却」最優先は正しいのか

「停滞の20年」が抱えた構造的な問題

こうした日本経済の状況の中で「デフレ脱却は最重要課題なのだろうか」、これが第二の設問である。
安倍首相は、再三にわたって「20年続いたデフレ」あるいは「デフレからの脱却」を強調している。「デフレの20年」という言い方以外にも「大停滞の20年」あるいは「失われた20年」と言う人もいる。日本におけるデフレ問題を考えるには、１９９０年代後半からの日本経済をどうとらえるかがポイントとなる。筆者はこの20年をとりあえず「停滞の20年」という言葉で表すことにする。この言葉に特に意味付けはしていない。

ざっとこの時期を振り返ると、80年代後半からのバブル経済が崩壊し、金融機関の不良債権問題が顕在化した。98年に日本長期信用銀行、北海道拓殖銀行、山一証券が破綻し、金融システム不安が表面化、同年にはアジア通貨危機が起こっている。経済政策は小渕政権の時に大量の国債発行で思い切った経済政策を行ったが[iv]、経済の低迷は脱却できず、その後は、小泉政権による新自由主義的な構造改革となる。金融システム不安が深刻化し、小泉政権は最終的に公的資金を注入することで乗り切った。

03年のりそな銀行への公的資金注入を契機に景気は回復基調となった。円安になり輸出主導で07年に名目ＧＤＰは５３１兆６８８２億円を記録したが、これはデフレに陥って以降では最高の数字だ。まだ破られていない[v]。08年9月のリーマン・ショック、さらには11年３月の東日本大震災の影響を受け、現在に至っている。

この20年は日本経済にとって大きな転換の時期であった。第一は経済が成熟化し低成長の時代となったことである。第二はグローバル経済への対応が迫られた時期であり、第三に少子高齢化が顕著となり、生産年齢人口（15〜64歳）も97年をピークに減少に向かった。08年からは人口が減少している。そして第四に、これはもう過去のものとなってしまったが、不良債権処理に失敗し金融システム不安を招いたことが大きい。

海外への生産拠点の移転

「停滞の20年」といわれる時代には、これだけのことが起こっているのだ。第一の低成長の時代は、第1章でも述べているので、この点は前提としたい。第二のグローバル経済への対応だが、海外、特に中国、ＡＳＥＡＮを中心に生産拠点が移転した。

経産省の海外事業活動基本調査によると、日本の製造業の海外生産比率は傾向的に上昇している（図4‐3）。海外生産比率というのは、企業の国内における売上高と海外における売上高の合計に対する海外の売上高の比率である。２０１４年度は01年度と比べ10ポイントも増加している。

また、日本の製造業の海外の生産拠点は、現地での調達を増やしている。かつては原材料、部品などを日本から供給する比率が高かったが、現地や周辺国の日系企業のほか現地資本など

■図4-3:製造業の海外生産比率は高まる一方

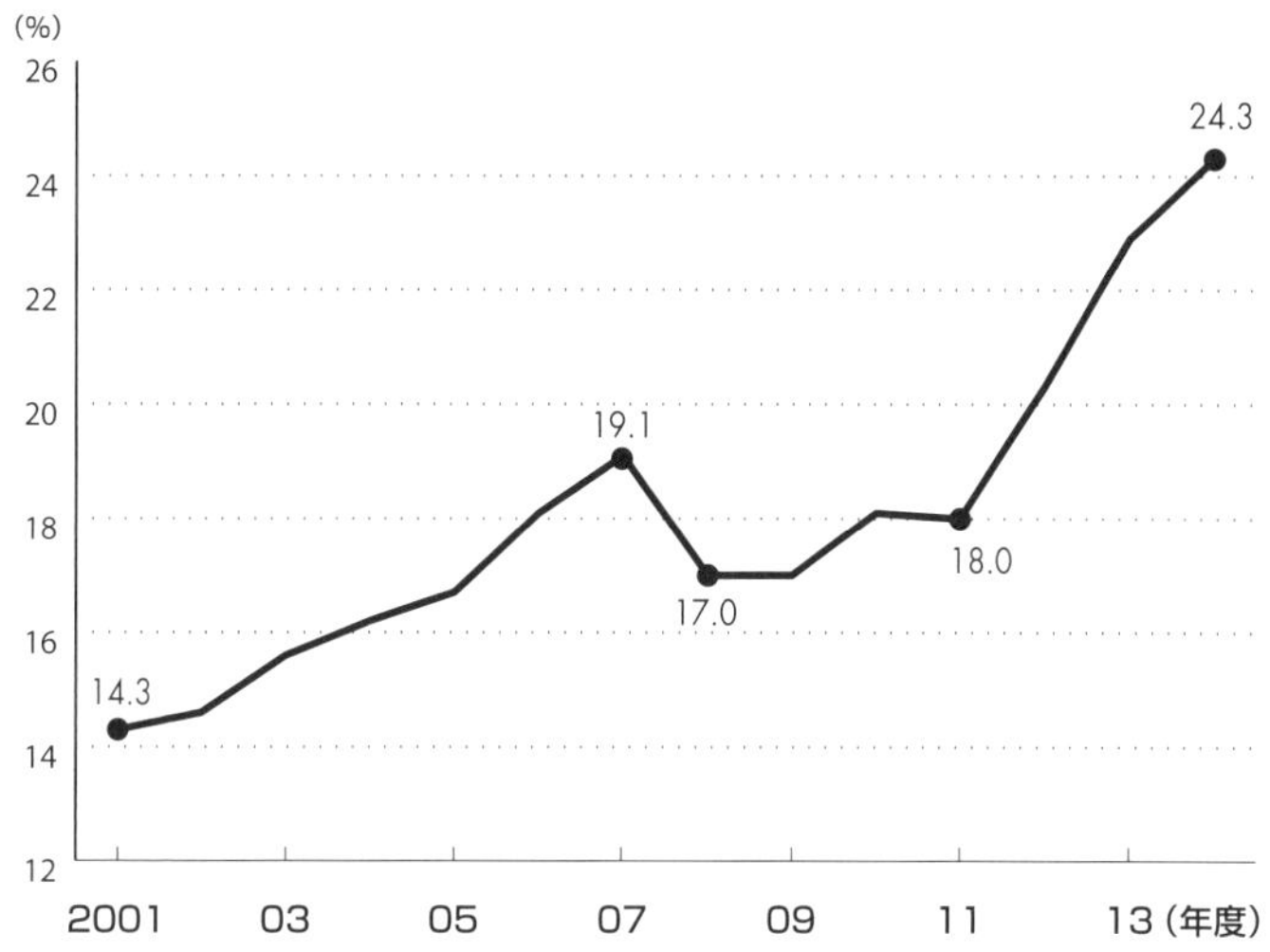

出所:経済産業省「海外事業活動基本調査」

からの供給を受ける傾向が強まっている。同調査によるとアジア諸国に進出した日本の企業が日本から調達した比率は２０００年度に36・6%だったが14年度は23・3%まで減っている。逆に現地・域内調達比率は、２０００年度の57・7%から14年度は74・4%まで高まっているのだ。

　生産拠点の海外への移転は、日本における雇用と賃金に影響を与えた。自動車、エレクトロニクス、機械といった日本経済の屋台骨を支える産業は、生産拠点を海外特にアジアに移転させたのだが、国内に残った生産拠点は、中国、A

ＳＥＡＮの低賃金と競争せざるを得なくなり、賃金引き下げだけでなく賃金の低い非正規労働者の増加となったのである。

また、海外の低価格商品の輸入も大きな影響を受けている。テレビ、ビデオデッキ、パソコンなどは大半が海外生産で日本市場に逆輸入される。もちろんこれは為替相場の影響もあるが、人件費の差は大きい。２０００年代前半の賃金と物価の下落は、こうしたグローバル経済がもたらした産物ともいえる。

２０１５年の国勢調査によれば、製造業の就業者数は15年に９１５万人で、２０００年の１２００万人に比べ２８５万人減少、全体の就業者数に対する比率でも２０１０年で15・７％と２０００年の19・０％に比べ３・３ポイント減少させている。この人たちはどこへ行ったのか。就業者数が伸びているのは、医療・福祉（66・４％増）、不動産業（16・４％増）、教育・学習支援業（１・９％増）である。サービス業などの第３次産業が吸収したのである。サービス業は生産性が低く、また賃金水準は低い。さらに非正規労働者の比率も高い。こうしたことも日本全体の賃金を下押す要因になったと見られる[vi]。

生産年齢人口の減少

第三は少子高齢化と生産年齢人口の減少である。経済に直接的な打撃を与えているのは生産年齢人口の減少である。この人たちが生産の大半を担い、消費活動の中心にいるからだ。２０１５年の生産年齢人口は７７１９万人。95年の８７２６万人をピークに20年間で約１０００万人も減少している。このまま進めば、国立社会保障・人口問題研究所の「日本の将来推計人口（全国）」の中位推計によれば、２０５０年には５００１万人となる。さらに２７００万人減少するわけで、労働力としてだけでなく消費の担い手としても大幅な減少となる。

人口が減少し生産年齢人口が減少すれば当然消費は減ることになる。マスが小さくなればそれに合わせればいいわけで、人口減少自体にはさほど問題はない。問題なのは高齢者増、生産年齢人口の減少、さらには年少人口の減少のいずれもが急激に進むので三者のバランスが大きく崩れることにある。

デフレは言うまでもなくデフレギャップによって生ずる。デフレギャップというのは供給に対して需要が少ないことを指す。では需要はなぜ減少するのか、あるいはなぜ増えないのかが問題となるのだが、生産年齢人口が減少すれば需要が減少するので、デフレの要因となる。この点に着目したのは日本総合研究所調査部主席研究員藻谷浩介氏である。同氏の『デフレの正体』（角川Ｏｎｅテーマ）はベストセラーになった。

人口減少や生産年齢人口の減少はマイナスの影響を与えるが、ケインズ経済学の第一人者である立正大学教授の吉川洋氏は、その影響は「数量的」には小さいと見ている。[vii] １人あたりの所得が増え、生産性も上がれば需要は増える。人口が減っても一人ひとりがたくさんモノを買いサービスを受ければ消費は増えるからだ。

吉川氏は『人口と日本経済』（中公新書）の中で、成長しないとか低成長とネガティブに考えるのは「人口減少ペシミズム（悲観主義）」（189頁）だと批判、「先進国経済で成長を生み出す源泉は、（中略）高い需要の成長を享受する新しいモノやサービスの誕生、つまり『プロダクト・イノベーション』である」（159頁）と主張する。理解できる面もある。確かにイノベーション（技術革新）は必要で、大きなイノベーションがあれば経済は成長するだろう。しかし、よほど大きなイノベーションでなければ、生産年齢人口の落ち込みを超えることはできない。吉川氏は、生産年齢人口の減少が続くことを過小評価しているように思えてならない。むしろ転換を余儀なくされている日本経済の現状を直視し、国民が豊かになる政策を考えた方がよいのではないだろうか。

無借金経営への転換

さらにこの20年、企業の体質が大きく転換したことも指摘しておきたい。それは資金調達環境の変化である。大企業を中心に金融機関からの資金調達比率が下がり、設備投資などを自己資本で行うようになったことである。

■図4-4:民間企業は98年以降、資金余剰になっている

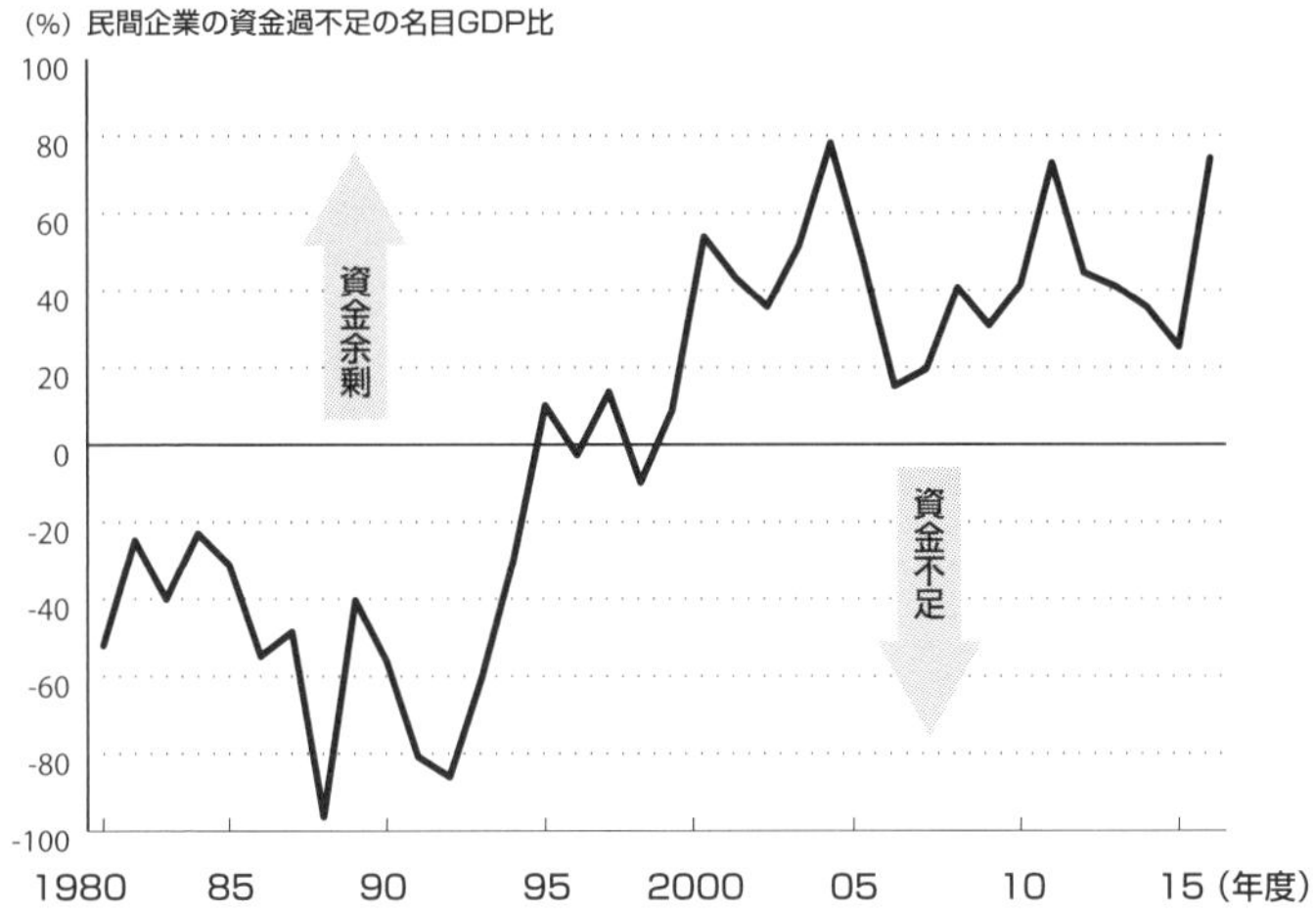

注:名目GDPは旧基準を用いた
出所:日本銀行「資金循環」、内閣府「GDP統計」から作成

図4-4は民間企業（金融機関を除く）の資金過不足を名目GDP比で見たものである。1980年代から90年代中頃までは資金不足が続いていたが、98年からプラスになっているのが分かる。獨協大学教授の須藤時仁氏と野村容康氏は、共著である『日本経済の構造変化』（岩波書店）の中で「この資金不足から資金余剰への転換は、企業が内部留保（現預金などの手元流動性）の溜め込みを重視する消極的な経営姿勢に転じたことを端的に表すものであり、極めて重要なシグナル」（18頁）と指摘している。

確かに民間企業の資金余剰は増加

の一途である。内部留保（利益剰余金）は、財務省「法人企業統計調査（金融業、保険業を除く）」によると、2000年の194兆円から15年は378兆円と1・9倍となった。特にリーマン・ショック以降の増え方が著しい。09年は269兆円なので、40％も増えている。

また、「日本経済新聞」がまとめた15年度末の上場企業（金融と日本郵政を除く）全体の総資産は約840兆円で、うち手元資金は109兆円と総資産の13％を占める。自己資本比率も39・6％と過去最高水準だった。[viii] 同記事によると15年度の実質無借金の企業数は1900社を超えたという。東証1部、2部、マザーズ、ジャスダックなど証券取引所に上場している企業は約3600社なので53％にもなる。

このような企業の体質の変化は何を物語っているのだろうか。須藤・野村両氏は、同書の中で「資金調達環境の改善（金融緩和）が設備投資の押し上げに働く力が弱まっていることを示唆している」（18頁）とし、「低成長に移ってからは設備投資の決定要因より実体要因の方が大きな影響力を持つようになった」（同）と指摘している。つまり、金融機関が甘い蜜を見せても、企業は寄ってこないということなのである。同書では98年が転機の年となったと見ている。98年は期せずしてデフレがスタートした年でもある。

日銀による量的緩和で金利を下げても、民間企業は実体経済が回復し需要増が見込めない限り金融機関からの融資に乗ってこないということなのである。

以上、2000年代前半の日本経済は、構造的な問題を抱えてきたこと、またその中で構造的な転換を遂げてきたことを示した。これらを無視あるいは軽視して、「デフレからの脱却」を優先することは明らかに誤りといえるだろう。

リフレ派が唱える「デフレからの脱却」

岩田規久男氏は、2001年に出版した『デフレの経済学』(東洋経済新報社)の中で、「デフレ阻止は日本経済が再生されるための必要条件である」(377頁)と、「デフレから脱却」することの必要性を強調していた。また「景気を回復させるためにも、産業構造調整を進めるためにも、さらに、不良債権の増加を止めるためにも、まずフローのデフレを阻止して、経済の基盤を強化することが不可欠である」(375頁)としていた。こういうのを「一点突破の全面展開」というのではないだろうか。

同氏は同書の中で、当時の日本経済が抱える問題点として、景気の回復、産業構造調整、不良債権処理を挙げ、これらを解決するためには「デフレからの脱却」が必要条件と述べている。しかし、その後の経過をみると産業構造調整と不良債権処理は小泉政権で実行され、曲がりなりにも解決している(さまざまな問題が生じたが、その点は本題でないのでここでは触れない)。同氏の言う「デフレからの脱却」は、「必要条件」でも何でもなかったのだ。

岩田氏に典型的なこのような「一点突破の全面展開」的な発想はなぜ生まれるのか。それは、経済をインフレとデフレの二つに分けて、高インフレ＝悪、デフレ＝悪とした上で、ゆるやかなインフレ（リフレ）＝善を目指すという単純な論法で現実の経済を切り分けるところから来ている。ここにリフレ理論の致命的な欠陥がある。「デフレになったら金融は緩和しなければならない」という指摘でとどめておけばいいものを、「デフレになったらリフレになるまで、徹底して量的緩和をせよ」と言い出すからおかしくなるのだ。

「需要が供給より少なければ物価は下がる」ことを否定する人はいない。だれでも認める純理論的な話からいきなりデフレ対策が出てくる。現実は複雑でそれらを念頭に入れて政策を考えなければ意味がないと思うが、特にリフレ派の人たちは、逆にものごとを単純化させて考える傾向がある。

公共事業一本槍の財政政策主導派も経済を単純化している点では人後に落ちない。公共事業を軸とした思い切った財政政策で、デフレからの脱却をはかれば、自ずと道は開けるというのだから「一点突破の全面展開」的な発想という点でも同じだ。

先ほど「どの国もインフレ率の低下の方向にあり、日本はその先頭に立っているとも読める」（119頁）と書いたが、インフレ率だけでなく、成長率、金利も下がる傾向にある。「資本主義の終焉が近づいている」と見る法政大学教授の水野和夫氏は「ゼロ金利、ゼロ成長、ゼロインフレ」という現状認識を示し、内需はおろか先進国が求めてきたフロンティア（周辺）は開発の余地がなくなりつつあると分析している。[ix] 水野氏は日本の事態は世界の動きを先行しているると見ているのだ。

日本はすでに成熟経済となったのは間違いない。この20年が「資本主義の終焉」の始まりであるかどうか別として、大きな流れの中で需要が伸びず、低成長という状況となっていることは時代認識として正鵠を得ていると思う。その上で賃金の低下と「将来に対する不安」などで貯蓄性向を高め、消費の低迷が続くという問題をどう考えるのか、ではないか。このあたりは第6章で論ずるが、こうしたことが根底にあって、消費が低迷しデフレギャップが生じているとすれば、むしろ構造的な問題を解決する方が先なはずである。

まとめると、賃金が下落し需要が伸びないのは、成熟経済という時代状況の中で、製造業の海外移転と生産性の低いサービス業へのシフト、生産年齢人口の減少など構造的な問題が根っ子に横たわっているためなのである。したがって、こうした問題に立ち向かうこと抜きに金融政策で「デフレ脱却」を試みてもムリがある。金融政策に過度に依存する政策の破綻は明らかである。

「病気を治すためには食事をきちんと取らないとだめだ」と言って、これでもかこれでもかと食事を与えても、病気は治らないばかりか、治療もせずに食べ過ぎれば逆効果となりかねないのと同じである。食事は必要だが、すべてではない。

〔第4章　注〕

i　2012年版「年次経済財政報告」内閣府のコラム「デフレの定義」（55頁）で指摘されている。

ii　黒田総裁が2016年6月20日に行った「デフレからの脱却に向けて：理論と実践―慶應義塾大学における講演―」の中で指摘している。

iii　田中秀臣（2010）10頁

iv　財源として国債を大量に発行した。小渕首相は当時、「世界一の借金王」と発言した。

v　名目GDPの過去最高は97年の534兆1425億円。

vi　須藤時仁ほか（2014）73頁、「労働生産性が低いために所得の増加率も低い第三次産業、特にサービス業を中心とした労働集約型産業が拡大し、雇用を吸収したことである」と分析している。

vii　吉川洋（2013）202頁

viii　「日本経済新聞」2016年6月11日付け

ix　水野和夫（2014）

第5章　消費低迷はなぜ続くのか

1　物価値上げと実質賃金下落

日銀による異次元緩和が失敗し、「デフレからの脱却」は遠のいた。そこで今度は公共事業を軸に財政政策を動員している。２０１６年度は第３次補正予算まで組むという力の入れようだ。「切れ目のない公共事業」で、目指すは「名目ＧＤＰ６００兆円」。ところで足元の日本経済はどうなっているのか。最大の問題は消費が低迷していることだ。消費の低迷が続くのは、消費増税による値上げに加え円安で輸入品の物価が上昇したにもかかわらず、賃金はほとんど上がっていない。つまり実質賃金が下がったからだ。実質賃金が下がれば購買力が落ちるのは

■図5-1:個人消費の低迷は続く

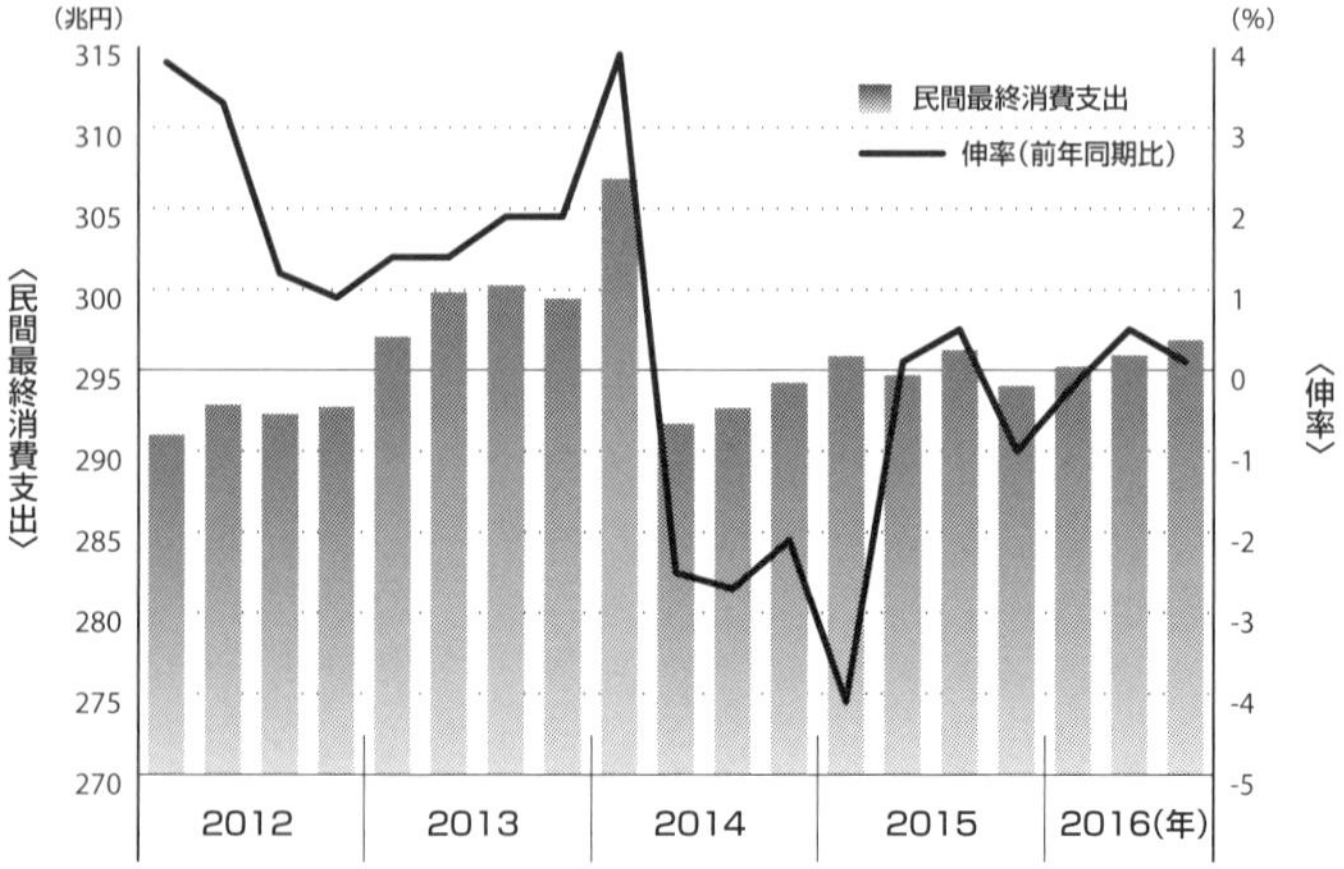

出所:内閣府国民経済計算(GDP統計)2016年7-9月期2次速報

当たり前である。

しかし、どうもそれだけではなさそうだ。消費の低迷には日本経済が抱える構造的な問題が潜んでいるのではないか。これが筆者の問題意識である。現役世代、特に若者が抱える負担の増大と、将来への不安である。キーワードは「若者」、「負担」、「将来不安」。現実の負担と先々の不安感が強まり、消費を控えている可能性がある。

まず消費の動きを見てみよう。2013年以降の個人消費動向(図5-1)を見ると、消費税率引き上げがいかに大きな影響を与えているかが分かる。13年から14年1―3月期にかけて個人消費がぐんと伸びたが、4―6月期以降は落ち込みが続いている。言うまでもなく消費増税にともなう駆け込み需要とその反動なのだが、落ち込んだまま一向に上向く気配がない。「消費増税の反動による落ち込み」はどんなに長く見ても1年だろう。16年夏を過ぎても消費の低迷は続いているのである。リーマン・ショックや東日本大震災の影響が残っていた民主党政権末期の12年の水準をかろうじて上回っている程度なのである。

耐久消費財の落ち込み

ＧＤＰの約6割を占める民間最終消費支出（個人消費）[i]は、家計消費とほぼイコールである。この家計消費は三つに分けられる。

①耐久消費財＝自動車、家電製品、パソコン、家具など
②非耐久消費財＝衣類、靴など半耐久消費財、食品、飲料、化粧品など
③サービス＝外食、教養娯楽、通信など

表5-1を見ると、家計消費の全体は２０１３年から16年にかけて消費増税の駆け込み需要とその反動があった時期を除くとほとんど変化がないことが分かる。２９０兆円前後で推移している。もうひとつは、耐久消費財が急激に増え落ち込んでいることだ。13年1―3月期と駆け込み需要が出た14年1―3月期を比較すると家計消費額は約10兆円増えているが、そのうち耐久消費財は6兆円と6割を占めている。駆け込み需要は耐久消費財が主役だったのである。

■表5-1：家計消費の内訳推移（実質額）

（兆円）

		耐久財	半耐久財	非耐久財	サービス	合計
2013年	1-3月期	24.4	14.9	78.4	171.4	289.7
	4-6月期	25.4	15.6	78.9	172.4	292.5
	7-9月期	25.8	15.6	78.6	172.8	292.8
	10-12月期	26.6	15.7	77.5	172.4	292.0
2014年	1-3月期	30.4	16.8	79.4	173.5	299.6
	4-6月期	24.6	15.0	74.3	171.4	284.7
	7-9月期	24.3	15.4	75.4	171.4	285.9
	10-12月期	24.9	15.5	75.8	172.3	287.4
2015年	1-3月期	25.2	15.9	75.9	173.2	288.7
	4-6月期	24.2	15.4	75.5	174.1	287.4
	7-9月期	25.0	16.0	75.6	174.2	288.9
	10-12月期	23.6	15.1	75.3	174.6	286.6
2016年	1-3月期	25.0	14.9	75.5	174.6	287.8
	4-6月期	25.5	14.5	75.3	174.9	288.5
	7-9月期	26.2	14.4	75.0	175.6	289.4

出所：内閣府国民経済計算（GDP統計）

では消費増税後の時期はどうだったのか。消費増税直前の14年1－3月期と実施後の4－6月期を比較すると、家計消費額の落ち込みの中で耐久消費財の占める割合は4割近くにもなる。消費増税前に耐久消費財を買い込み、その後は買わなくなってしまったことが、この表から読み取ることができる。しかも耐久消費財はその後も不振が続いていたが、ようやく16年4－6月期になって13年水準に戻りつつある。

消費税率が一気に3％も上がるのだから、自動車やテレビ、冷蔵庫などを増税前に買っておこうというのは消費者としては当然の行動だ。しかも耐久消費財は、頻繁に購入したりしない。しばらく落ち込みが続くのはムリもないだろう。しかし、それが2

年も続いたのはやはり驚きと言わざるを得ない。

停滞する自動車、テレビ

ここでは耐久消費財の代表格である自動車と薄型テレビ（液晶テレビなど）の販売台数を見てみる。輸入車、軽自動車を含めたすべての四輪車の国内販売は、リーマン・ショックで落ち込んだが、当時の麻生政権が一定の環境基準を満たした「エコカー」購入を支援する補助金と減税策を実施したため持ち直した。ところが東日本大震災による被災でサプライチェーンが寸断され、自動車生産の稼働率が落ちたこともあり、再び販売台数は大きく落ち込んだ。

２０１２年以降は持ち直したが、消費増税の駆け込み需要があった14年に５５６万台を記録した後、15年はかろうじて５００万台を超えた水準となっている。15年１月から16年３月まで15ヵ月連続で前年同月比マイナスを記録している。16年は１―11月と同じペースで推移すると４９８万台あたりと見られている（図５-２）。５００万台割れである。中国での日本車の販売は16年で４００万台乗せは確実となっている[ii]。おそらく数年で日中の日本車販売台数は逆転するものと見られる。

液晶テレビなどの薄型テレビの場合は、自動車と少し状況は異なる。11年７月にアナログ放送を中止し、デジタル放送に移行する措置がとられた。このため移行前に需要が集中、その反

■図5-2:自動車の国内市場は500万台割れ

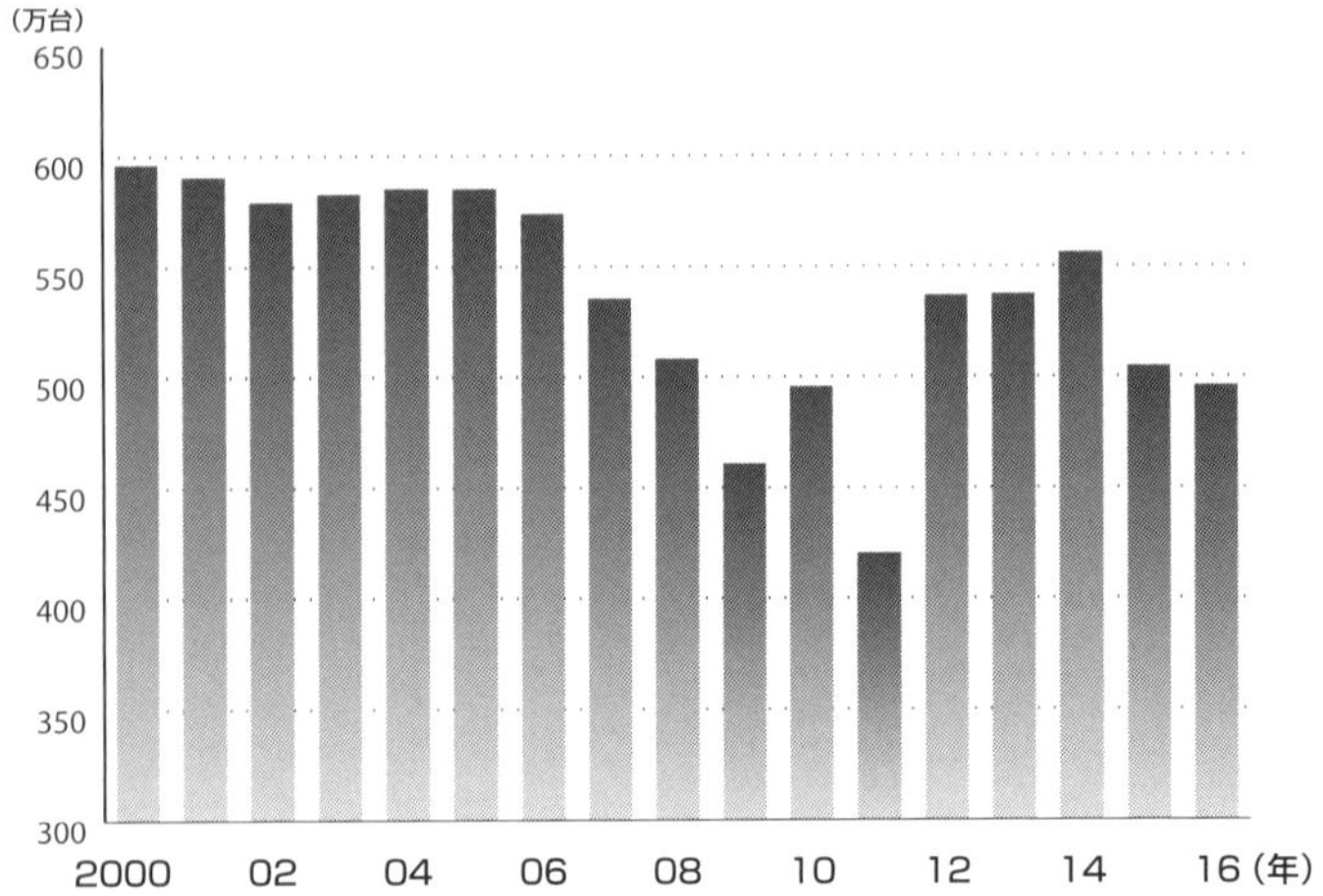

注:2016年は11月までの数字を年換算
出所:日本自動車販売協会連合会

動で低迷が続く中で消費増税を迎えたこともあり、極端な低迷状態が続いている。そもそも国内のテレビ市場はほぼ飽和状態となっており、買い替え需要が中心だ。デジタル放送に移行という特別な要因があったことで一時的に生じた需要の増加は、単に需要を先食いしただけともいえる。

自動車とテレビは、エコカー補助金と減税策、デジタル放送移行というような国の政策で一時的に増えることはあっても、「自然体」では減少方向に向かっているといえる。すでに飽和感のある市場であることに加え、人口減少がじわりと効いているといえるだろう。

2　物価は上がり下がった

原油価格が物価に大きく影響

もう一度表5－1を見ていただきたい。耐久消費財だけでなく半耐久消費財、非耐久消費財、サービスも落ち込んだままになっている。購入頻度が少ない耐久消費財と違って半耐久消費財、非耐久消費財、サービスは、食品、日用品、移動のための交通費など、日々の生活に必要なものが多い。買い控えが続いていると見られる。

「異次元緩和」は2％の物価上昇を目標としていたので、アベノミクスを批判する人たちはどうしても「物価は上昇していない！」という論調になる傾向がある。しかし、消費者目線で見ると物価は確実に上昇してきたのである。図5－3はそのことを如実に物語っている。

三つの消費者物価指数とも2013年1月から16年6月までの3年半で4～5％上昇している。13年に約2ポイント上昇したのは円安で海外からの輸入に頼るエネルギーや食料品が上昇したためで、14年4月の上昇は消費増税の影響によるものである。ただし、その後はほとんど上がっていないのが分かる。

実際のところ物価はどのように推移したのだろうか。アベノミクス以降、上昇傾向にあった

■図5-3:物価は4-5%上がった

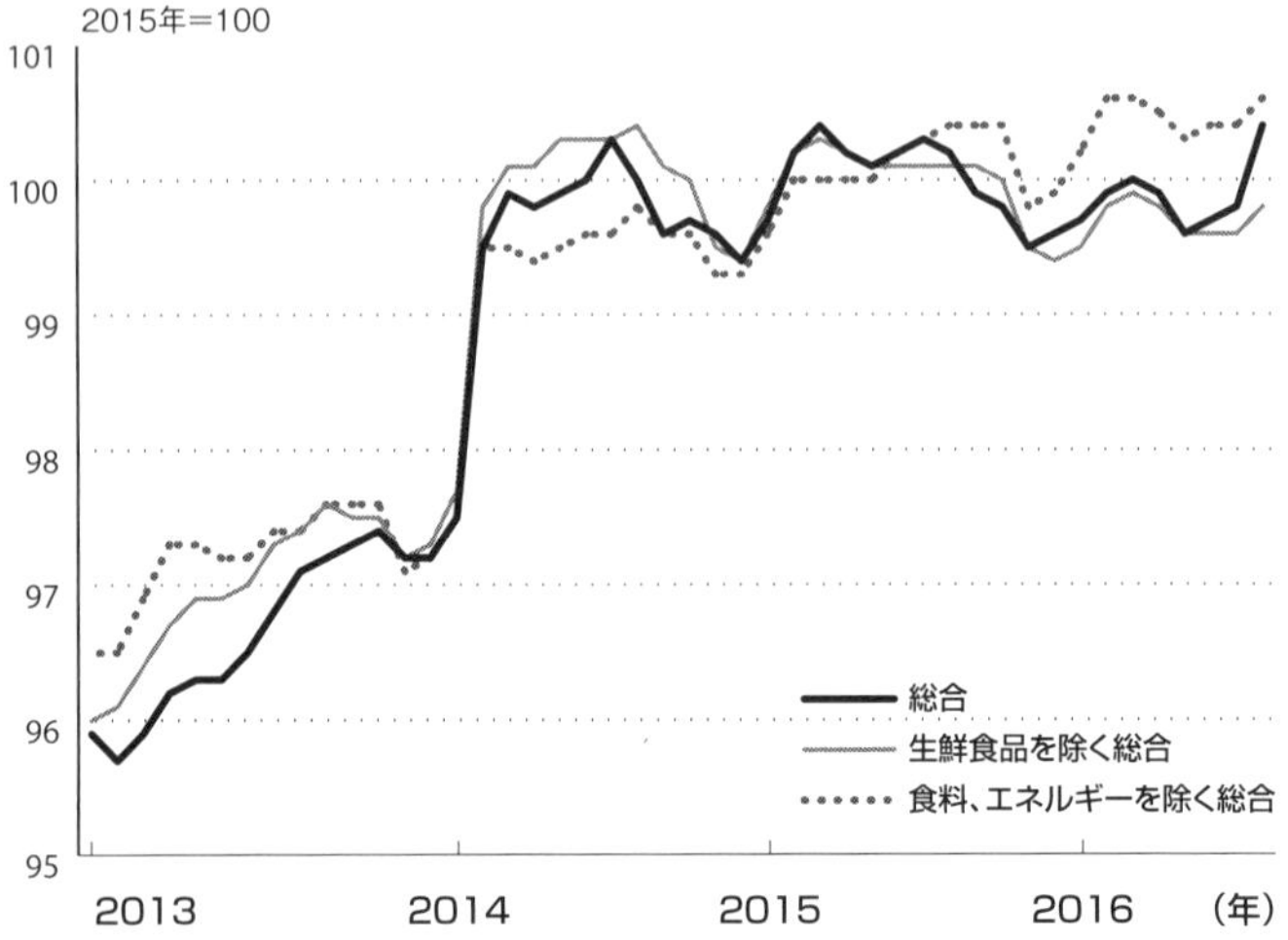

出所:総務省「消費者物価指数」

ことは間違いないが、16年に入ってからは、明らかに物価は下がり始めている。消費者物価指数の前年同月比の推移を見ると、13年は物価が上昇している。これは原油価格が上昇し、円安になったことが大きな要因である。ガソリンだけでなく海外の液化天然ガス(LNG)などに頼る電気、ガスなどエネルギー価格が上がった。15年4月以降は、消費増税分が剝げ落ちたが経済環境は大きく変わった。為替が円高に向き始めたことと原油価格の暴落である。食料とエネルギーも加わった総合指数の急激な落ち込みと対比的に「食料、エネルギーを除く総合」指数が比較的高くなった。

原油価格は、12年11月から上昇した。WTI原油先物市場価格で1バレル86・5ドルだったものが、13年8月には1バレル106・6ドルと約23％上昇している。その後、一旦1バレル90ドル台に下落したが、14年に入ると再び上昇、6月には1バレル105・8ドルをつけている。加えて円安が進んだことで、輸入後の価格はさらに上昇した。13年8月をとると1バレル1万426円で12年11月に比べ49％上昇している。為替相場が1ドル＝80・9円（日銀調べ月中平均）から97・8円（同）まで円安になったためだ。その後も円安が進んだのはご存じの通りである。図2-2を参照していただきたい。

こうした原油価格の上昇がエネルギー価格に大きな影響を与えた。総務省の物価統計で見ると12年11月のエネルギー指数は96・4だったが、13年8月には103・5と7・4％上昇している。ちなみに電気代は7・3％、ガソリン代は13・2％も上昇した。このように13年の物価上昇の大半がエネルギー価格の上昇によるものなのである。また、食品の中で輸入に頼るものも円安の影響を受け、13年後半から上昇するものも出てきた。

原油市場はその後、暴落を始める。WTIで14年6月に1バレル105・8ドルをつけたのがピークで、16年2月には1バレル30・3ドルまで落ち込んだ。何と71・4％もの下落なので暴落という表現は当たっている。

16年に物価は下落

２０１３年が原油価格上昇で物価が上昇したように15年は原油価格暴落で物価は下落した。そこで日銀は、「生鮮食品とエネルギーを除く」指数を作成したのである。日銀の思惑は物価が上昇している姿を何が何でもアピールしたかったことにある。この点については第2章で述べた通りである。

この日銀独自指数を加えてグラフを作成してみた（図5-4）。日銀独自指数は消費増税の影響を除いているので、他の指数との整合性をとるために15年5月を起点とした。同図を見ると15年はエネルギー価格の下落が大きな要因となって、すべてを含んだ「総合指数」と「生鮮食品を除く総合」は下落していることが分かる。逆にエネルギー価格を除いた「食品、エネルギーを除く総合」と日銀独自指数の二つの指数は上昇しているのである。

ところが16年になるとすべての指数が下落に向かった。「物価の上昇基調は堅調」と日銀の黒田総裁はことあるごとに表明してきたが、頼りにしていた日銀独自指数も下落したことで、黒田総裁はさらに追い込まれることになったのである。16年に入って物価動向は明らかに転換したといえる。

ここでは日銀の判断の是非が課題ではないので、これ以上触れないが、1ドル＝１００円水準の円高が続き、他方で原油価格が1バレル＝50ドル以下という低水準が定着しているのだか

■図5-4:どの物価指数も16年は下落した

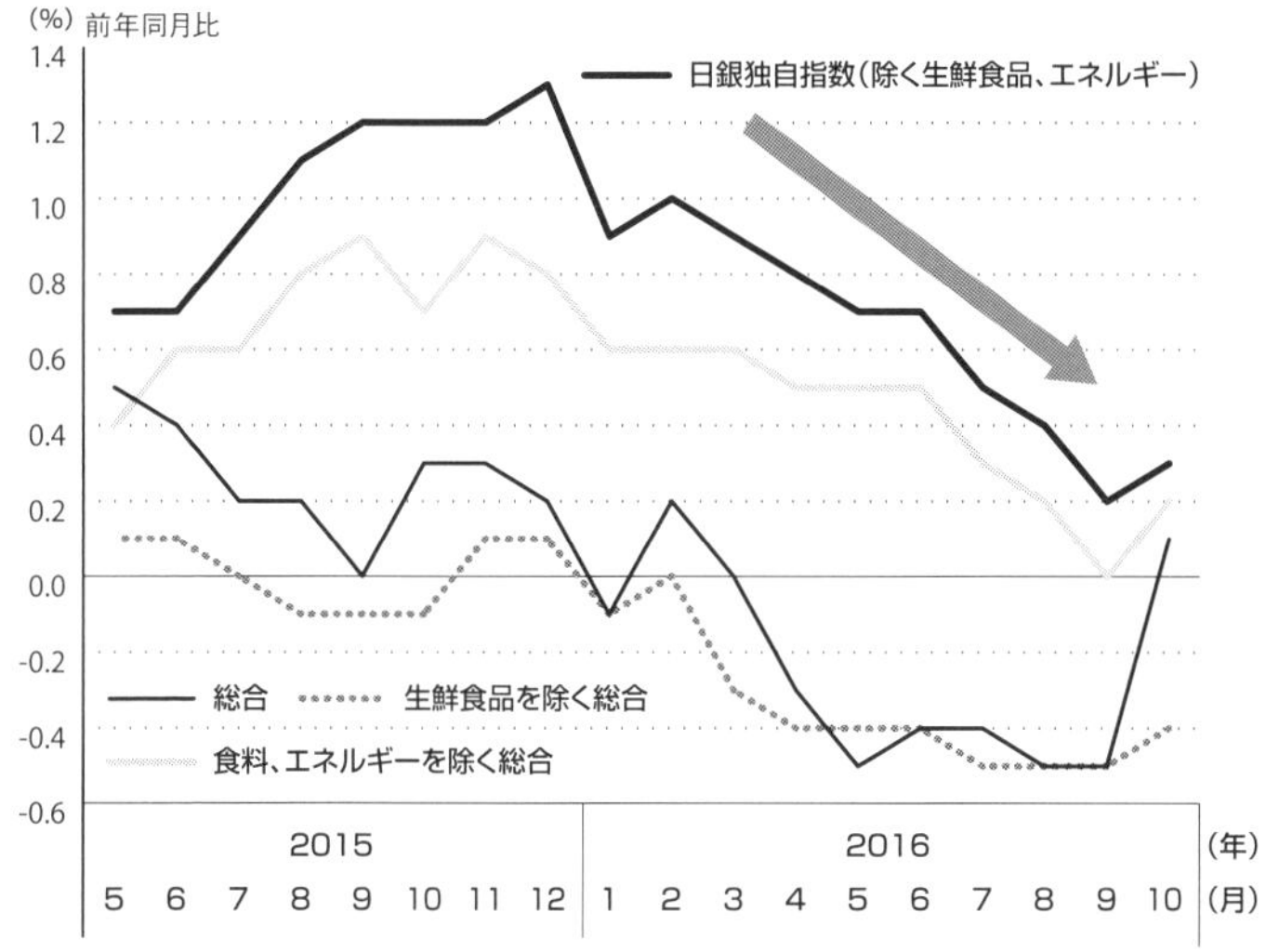

注:日銀独自指数は15年は10年基準、16年は15年基準
出所:総務省「消費者物価指数」、日銀「経済、物価情勢の展望」

ら、普通に考えれば物価が下落すれば個人消費は上向くはずである。しかし、16年に入っても消費の低迷は続いた。

必需品価格の上昇

先ほど、GDP統計から耐久消費財需要の落ち込みが顕著と述べたが、耐久消費財を買う機会は多くない。食料品、日用品、ガソリン代、外食、子どもの塾の費用、公共料金など日常的に購入するものの方が、消費者にとってははるかに「物価」として意識される。

そこで消費者物価指数の中分類

■図5-5:物価が下がったのは非生活必需品

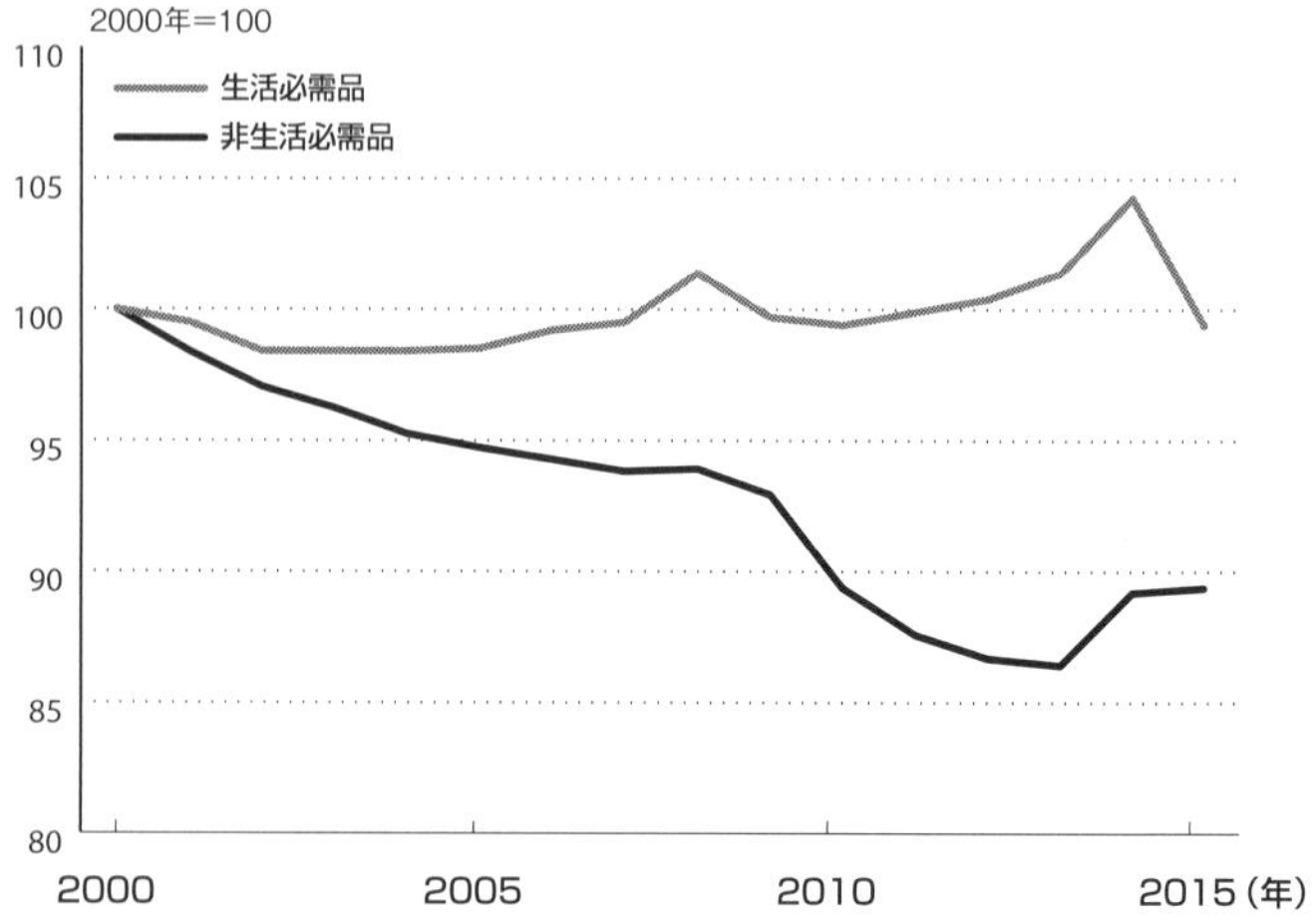

出所:総務省「消費者物価指数」をもとに筆者が作成

を生活必需品と非生活必需品（嗜好品）に分けて、[iii] 2000年を100として作成したグラフが図5-5である。生活必需品は、食料、住居、光熱水道、被服履物、交通・通信、保健医療、教育である。非生活必需品はそれ以外（家具・家事用品、教養娯楽、諸雑費）とした。2000年と2015年を比較すると生活必需品は0・6%増加しているが、非生活必需品は10・6%下がっている。15年の生活必需品が下がったのは、電気、ガス、ガソリンなどのエネルギー費用の下落のためだ。

低所得者層ほど食品など生活必需品の比重が高いことは容易に推察される。内閣府参事官吉田充氏などの分析によると、「低所得者層では必需品価格の上昇局面において、平均的家計よりも消費が減少する傾向が見られる」としている。世帯主の収入で五つの分位に分けた第Ⅰ分位（低所得者層）について11年から15年途中までを調べたところ、生活必需品の価格上昇に対して消費の減少が見られた。理由は「所得者層が低いほど（生活必需品の）割合が高くなる」ためで、「他の所得階層よりも必需品価格に対して敏感に反応[iv]」するのではないかと見ている。この分析については、２０１６年版「年次経済財政報告」も注目、「必需品価格の上昇が（消費抑制に）影響を与えた」のではとしている。

３　上昇しない賃金

縮まらない賃金格差

物価が多少上がっても賃金が上昇すれば問題ない。安倍首相はことあるごとに「３年連続賃上げを行った」ことが、自らの実績であることを強調している。確かに春闘の回答実績は、連合調べでも２０１４年２・１％、15年２・２％、16年２・０％であった。これだけ見るとそれなりに賃上げがあったように見える。しかし、連合傘下の組合員は圧倒的に大手企業などの正社員のため、非正規労働者の賃上げは反映されていない。そこで、厚労省の毎月勤労統計調査で、非正規労働者を含めた全労働者の賃金を見ると、12年の賃金指数が98・9に対して15年は99・0なので、わずか0・1ポイントしか上昇していない。ほぼ横ばいなのだ。

では正社員と非正規労働者に分けてみるとどうなるだろうか。毎月勤労統計調査ではフルタイムで働く労働者である「一般労働者」と「パート労働者」に分けて指数をとっている。就業形態で分けているため「一般労働者」の中には1年以上の雇用契約の労働者も含まれている。必ずしも無期雇用の正社員というわけではない。つまり非正規労働者の一部が「一般労働者」に含まれているのである。しかし、非正規労働者の大半がパート労働者であることを考えれば、「一般労働者」と「パート労働者」という指標は、「正社員」と「非正規労働者」という格差の実態をかなり反映しているといえるだろう。

２０１２年を１００にして指標化してみると、一般労働者は３年間で１・７％アップしているが、パート労働者は０・６％の上昇にとどまっていることが分かった。

別の統計で検証してみよう。厚労省の「賃金構造基本統計調査」（２０１５年）を見ると、「正社員・正職員」の賃金は32万１１００円（前年比３４００円増、１・１％増）に対して「正社員・正職員以外」（非正規労働者）は20万５１００円（同４８００円増、２・４％増）である。非正規労働者は正社員の64％の賃金しか得ていない。３分の２弱である。それでも15年の非正規労働者の賃上げ率は、ほんのわずかだが正社員の賃上げ率を上回った。これは最低賃金のアップや人手不足による建設、流通・サービス部門などで時給単価が上昇したためと見られる。

また、05年以降の正社員の賃金をみると、リーマン・ショックの影響による下落はあったが、その後は上昇している。これに対して非正規労働者は、リーマン・ショックの影響は見られず[v]、少しずつだが上昇をたどっている。正社員と非正規労働者の格差は、05年には12万7100円だったが、15年は11万6000円となった。10年で1万1100円縮めたことになる。

以上、正社員と非正規労働者に分けて賃金格差を見たが、差が広がっているデータもあれば縮まっているデータもある。これは調査の仕方の違いもあるが、起点をどこに置くかの差でもある。2000年を起点にすると格差は拡大するが、10年前と比べると縮まる。12年と比べると拡大しているが、16年は1年前と比べると縮まっている、ということのようだ。正社員と非正規労働者の賃金格差はほとんど変化がない（つまり拡大したまま）、といえるのではないか。ただ、主要には人手不足によると思われるが、近年の非正規労働者の時給単価の上昇は注目に値する。これが流れとなるかどうかは今後の政府の政策次第だろう。

実質賃金は下落

賃金を見るには名目賃金だけでなく実質賃金も見なければならない。実質賃金は物価を考慮した指数で、毎勤統計では現金給与総額指数を消費者物価指数（持ち家の帰属家賃[vi]を除く総合）で

■図5-6:実質賃金は下がっている

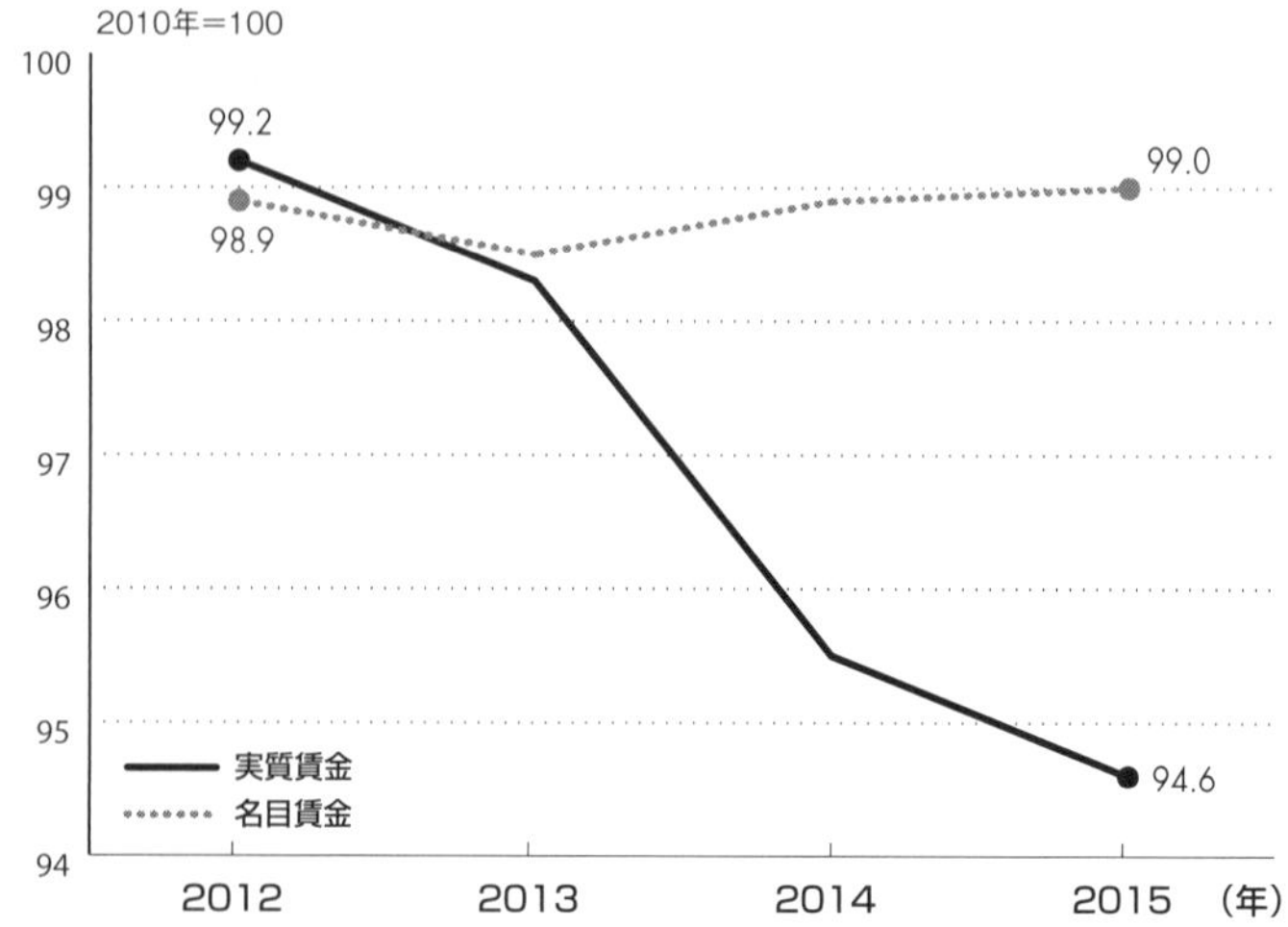

出所:厚生労働省毎月就労統計調査

除して算出している。その実質賃金は下がっている（図5-6）。

前述したように名目賃金は、2012年から15年の3年間でわずか0・1ポイントしか上昇していないが、実質賃金を見ると同じ3年間で4・6ポイントも下げている。物価が上昇したためだ。これでは消費は増えるわけがない。

実質賃金の減少が消費に与える影響は大きい。総務省の「家計調査報告」を見ると、収入が減少した月は消費支出も減少し、収入が上がると消費は増えている。収入と消費の相関関係ははっきりしている。消費の低迷は、単に消費増税の影響だけで

はないということは明らかだろう

消費増税が実施されて1年経った15年4月以降の実質賃金は上昇傾向にある。これは物価上昇率の消費増税分が剝がれたためである。もうひとつの要因は、15年に原油価格が大幅に下落したことである。ガソリン、灯油、ガス、電気などエネルギー価格が下落した。つまり賃金はわずかしか上昇していないのに、それ以上に物価が下落したため実質賃金は上がったのである。物価下落のおかげで実質賃金が上がるというのはデフレ期に見られる現象で、デフレからの脱却がいかにむずかしいかを示すものといえる。とはいえ図5-7を見る限り16年に入ってからは確実に実質賃金が上昇しているので、消費が戻ってもおかしくないはずだ。

実質賃金が上昇しても消費が上向かないのは、実入り感に乏しいからだ。懐が温かくなったという実感が湧かないのである。16年に限れば1月末に日銀が打ち出した「マイナス金利」が消費者に与えたマイナス効果が大きかった。マイナス金利は金融機関が日銀に預けている金利なので消費者に直接影響はない。預金金利は下がったが、逆に住宅ローン、自動車ローンなどの金利も低下したので、この面では消費を上向きにさせる効果があってもいいはずである。ところが住宅が多少上向いた程度にとどまっている。

「低金利」にはプラスのイメージがあるが「マイナス金利」には後ろ向きのイメージがつきまとう。消費者心理に影響を与えたことは間違いないだろう。しかも日銀による「マイナス金

■図5-7:実質賃金は上がりつつあるが

出所:厚生労働省毎月勤労統計調査

利」発表と相前後して世界同時株安が起こった。相対的安定通貨として円が見直され円高に向かったことで、自動車、電機など輸出関連企業の収益の悪化に結びついた。このことも消費を冷やす材料となったと見られる。さらに、決定的だったのは、期待されていた春闘で、自動車、電機などで構成する金属労協が前年の半額の3000円の要求にしたこともあって、回答が前年を下回ったことである。

アベノミクスのスタート当初は、株高などがあり期待感が高まり消費者心理は上向いたが、その後は消費増税の影響などはあるものの、消費者心理は悪化している。13年に上昇したのは一時的だったということになる。まさに「家計センチメントの悪化」[vii]ということができる。

4 消費低迷の根底にあるもの

若者の低所得化、貧困化

このような「家計センチメントの悪化」の背景には、日本経済や社会が抱える構造的な問題があるのではないか。そのひとつが若者の意識の後退である。まず指摘しなければならないのは、若者の賃金が下がっていることである。

図5－8は1994年と2014年の30歳未満の世帯主の年収の分布である。この中で最も多い層は94年では400万円台となっている。その20年後の14年は300万円台に移っている。この20年間で20歳代の世帯は約100万円収入を減らしていることになる。いくらデフレで物価が下がってもそれ以上の賃金の落ち込みがあれば、消費が伸びないのは当然で将来の夢を描くこともできないのは当たり前だろう。

このデータは、5年に1回実施される総務省の全国消費実態調査からのものである。99年、04年、09年のデータをとって並べてみると200万円未満、201～300万円、301～4

■図5-8:若者の年収は下がっている

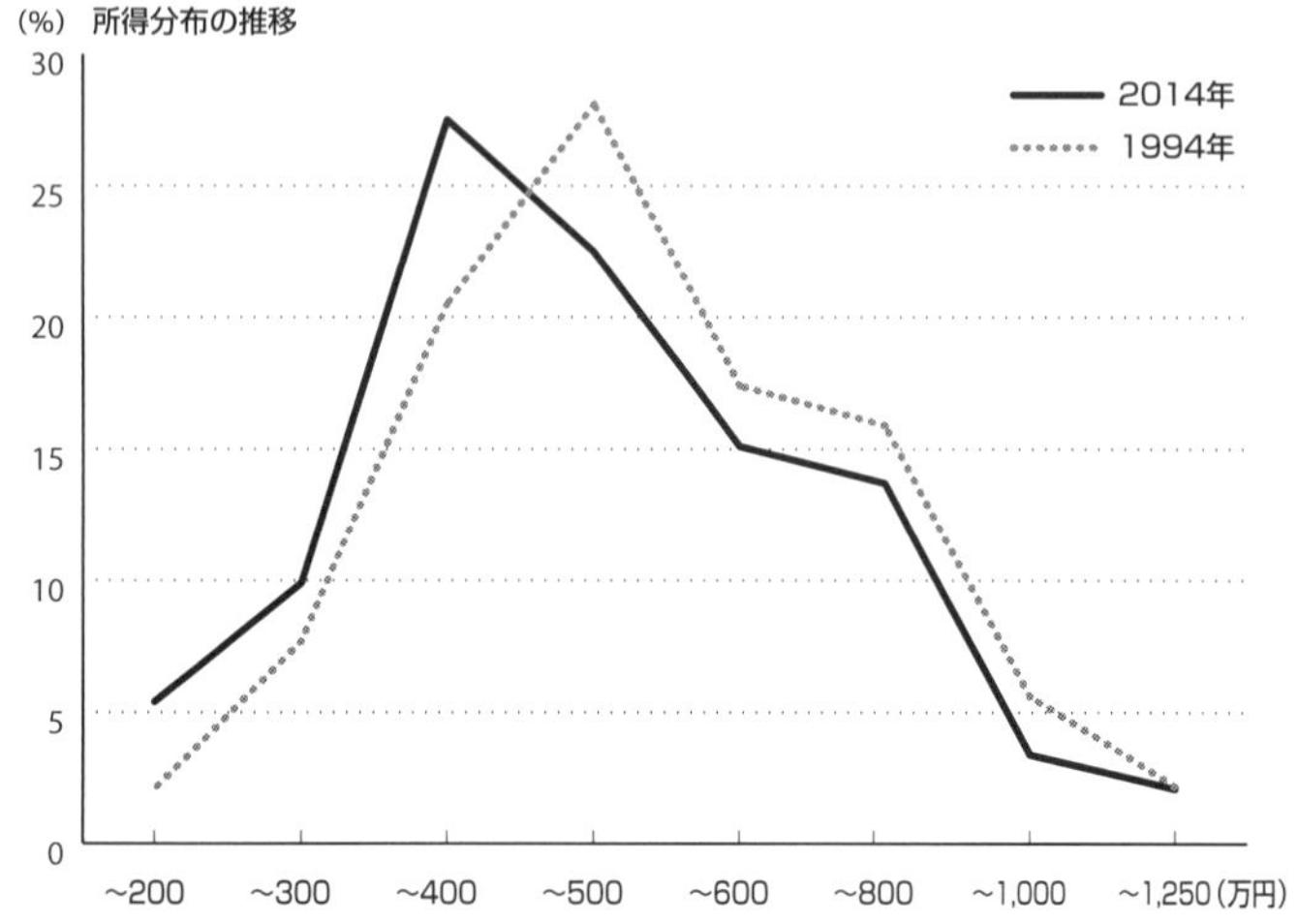

注:2人以上の世帯のうち、世帯主が30歳未満
出所:総務省「全国消費実態調査」

００万円とも比率を増加させている。逆に４０１～５００万円台は下がっている。５００万円以上も比率を下げている。しかもこの傾向に歯止めがかかっていない。

要は若者の低所得化、貧困化が進んでいるのである。確かにこの統計は「世帯」の収入なので、若者の晩婚化と単身者の増加が世帯収入を減少させる要因となる。しかし、逆に共働きが増えているので、この点は世帯収入の増加要因となる。これらのプラス、マイナス要因を考慮に入れても、若者の低所得化、貧困化は進行していると見なければならないだろう。

■表5-2:若者の非正規労働者は増えている

（人）

	15-24歳						25-34歳					
	正規労働者			非正規労働者			正規労働者			非正規労働者		
	男女計	男	女	男女計	男	女	男女計	男	女	男女計	男	女
2009年	275	145	130	225	101	125	885	584	301	306	94	212
2010年	259	135	125	223	101	122	864	566	298	302	92	210
2011年	247	128	122	223	104	119	845	552	293	304	100	203
2012年	243	129	114	218	101	117	825	536	289	297	97	200
2013年	240	127	114	232	107	125	797	514	283	301	101	200
2014年	244	132	113	231	105	126	779	503	276	303	102	201
2015年	247	133	114	231	107	124	772	494	278	290	98	192

出所:総務省「労働力調査」

若者の貧困化は日本経済の構造的な問題に根ざしている。分配率の低下、賃金下落、非正規労働者の増加などが進んだためで、このしわ寄せが若者に集中していることを示している。若者の貧困化は「停滞の20年」がもたらしたものなのである。

若者の非正規労働者は増えている

若年層における非正規労働者は増えている。総務省の「労働力調査」をもとに若者層の正規労働者と非正規労働者数の推移を表にしてみた（表5－2）。15～24歳層の非正規労働者は2009年の225万人から15年は231万人と6万人増えている。25～34歳層は306万人から290万人と16万人減らしている。しかし、男女別で見ると15～24歳層も25～34歳層も男性は増え、女性は減らしているのだ。ところが、正規労働者の09年と15年を比較すると、男性も女性も男女計もすべて減っている。

以上のことから言えることは、男性の正規労働者は減っているが、非正規労働者は増えている。女性は正規労働者も非正規労働者も減っているという事実である。特に男性の若者の非正規労働者が増えていることに注目する必要がある。15～24歳層も25～34歳層も人口減少が進んでいる[viii]中で非正規労働者を増やしているので、その深刻度合いは一層大きいといわなければならない。

正規労働者と非正規労働者を年齢階級別、男女別で調査を始めたのが09年なので、それ以前のデータはない。リーマン・ショック以降の雇用の回復の中で、人手不足が進行し有効求人倍率はバブル期並みの水準、新卒採用は引く手あまたとなっている。にもかかわらず若者の非正規労働者へのシフトは依然として進行しているということなのだ。

非正規労働者は、15年に１９８０万人と２０００万人の大台乗せ直前となっている。09年から２５３万人増えたが、このうち１０９万人は65歳以上である。増加の43％は高齢者なのだ。団塊の世代が60歳代後半になって非正規労働者として働いていることを示している。高齢者が、非正規労働者増加の最大要因であることは間違いない。しかし、他方で若者に根強く残る非正規雇用の現実を、もっと直視しなければならないだろう。

若者消費は落ちている

■図5-9:29歳以下の個人消費が極端に減少（2016年1-3月期）

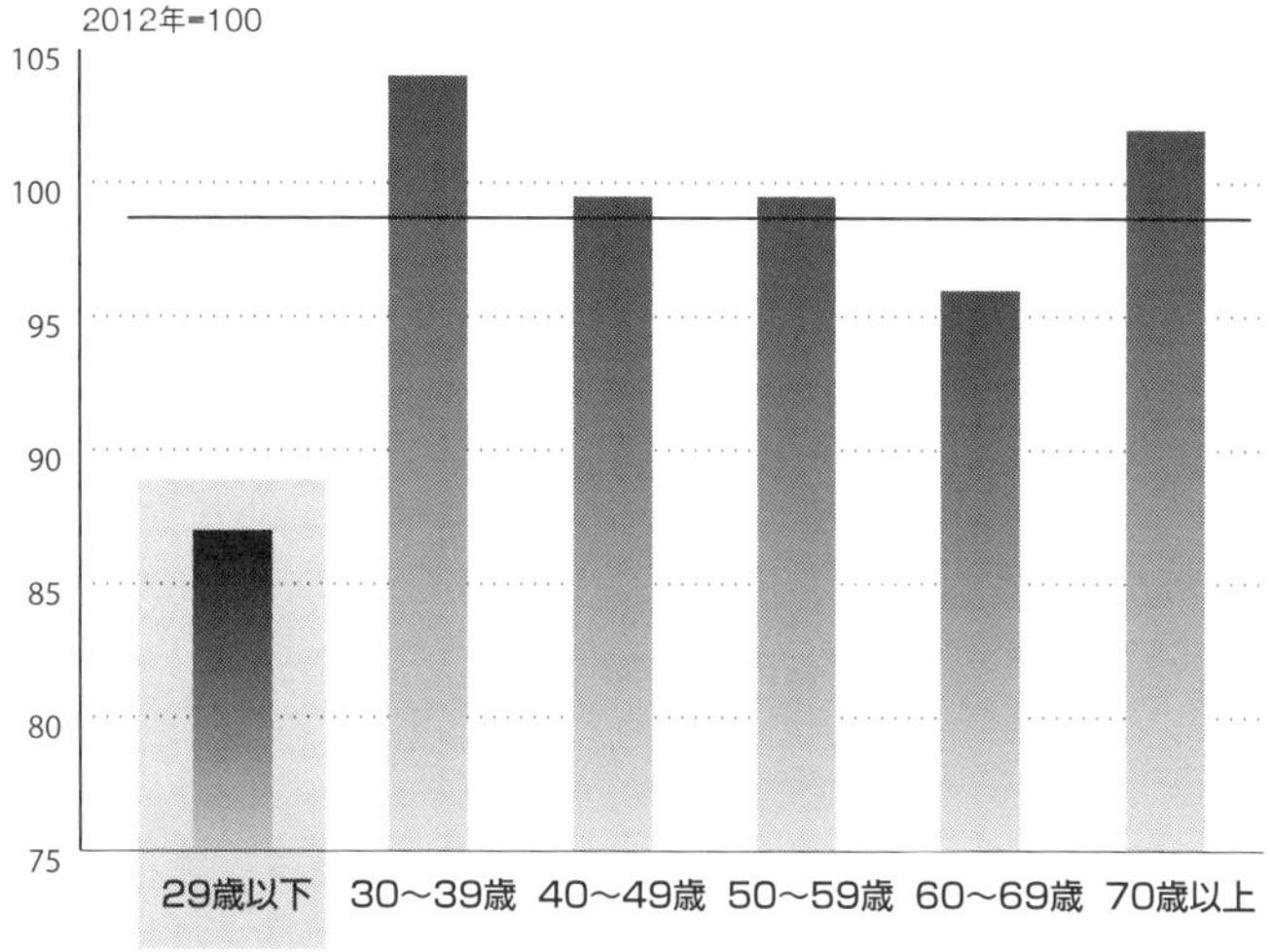

注:大和総研による季節調整値。横線は全世帯平均
出所:総務省統計より大和総研作成
大和総研「日本経済予測 Monthly」2016年6月21日から引用

こうした若者の雇用の劣化は消費に影響を与えている。大和総研調べによると若年層でも30歳以下と低所得者層の消費が落ちている。

29歳以下の若年層の消費（2016年1―3月期）が2012年に比べ15ポイント弱落ちている。他の年齢層と比較して最も落ち込んでいるのだ（図5―9）。また、同じ大和総研調べによると年収を五つの分位に分けて2012年を100として指数化すると、16年1―3月期は富裕層である第V分位だけが100を超えている。消費を増やしているのは富裕層だけなのである。最も落ち込んでいるの

■図5-10:若年子育て期世帯の将来不安は増大

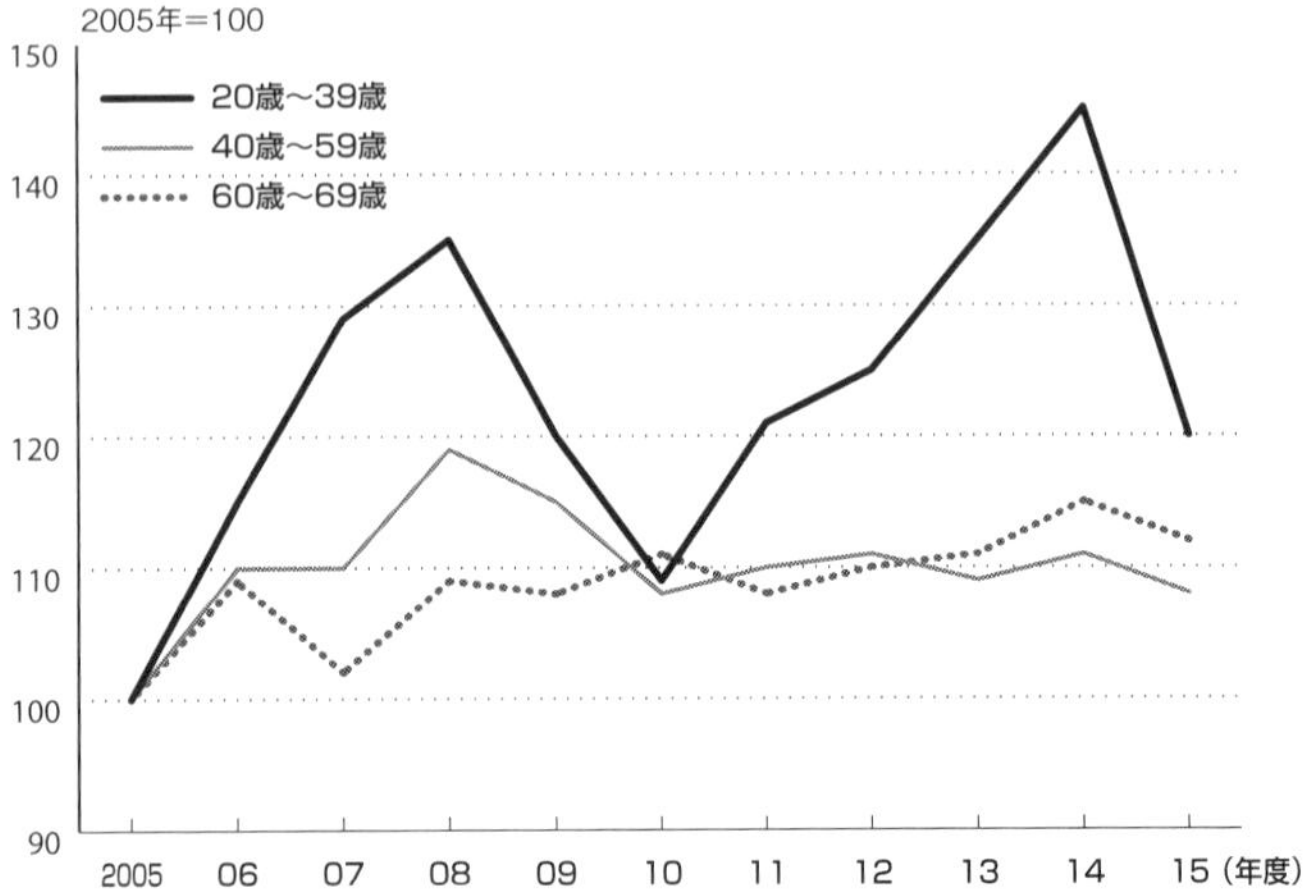

（備考）1.内閣府「国民生活に関する世論調査」により作成
2.悩みや不安の内容として「老後の生活設計について」を挙げた年齢階層別（10歳ごと）の回答者割合を加重平均したもの
出所:2016年版「経済財政白書」

は低所得者層（第Ⅰ分位）で3・8ポイント落ちている。他の分位に比べて落ち込みが大きい。ちなみに第Ⅰ分位は年収187万円以下である。

若者の貧困化、低所得化の進行は、当然将来不安を増すことになる。若者の将来不安については2016年版「年次経済財政報告」が取り上げている。同白書では「若年子育て世帯の将来不安」は08年のリーマン・ショックに向けて悪化したが、その後解消に向かったものの10年を境に再び悪化している（図5-10）と指摘、さらに「将来不安の背景の一つには若年層で非正規雇用比率が高く、また近年上昇していることも考えられる」（32頁）と分析している。非正規労働者の増加が若者の意識に大きく影を落としていると言うのである。
以上総括的に述べると以下のようにいえるだろう。消費の低迷は実質賃金の低下が大きな要因だが、背景には若年層の非正規雇用の増大など低所得化と貧困化と将来不安の拡大がある。16年後半以降、さまざまな指標が改善されているので消費は上向く可能性はある。しかし、根っこにへばりついた問題を解決しない限り消費の拡大につながらない。

〔第5章 注〕

i 民間最終消費支出＝家計最終消費支出＋対家計民間非営利団体最終消費支出
ii 「日本経済新聞」2016年9月19日付け
iii 生活必需品と非生活必需品は便宜的に分けている。また、各品目の指数の単純平均とした。
iv 吉田充、宇佐美友梨、舟場千絵、安井洋輔（2015）「必需品価格の上昇が消費に与える影響について」「マンスリー・トピックス」No. 44、内閣府、2015年8月
v リーマン・ショックの影響で非正規労働者の賃金があまり影響を受けなかったのは、解雇された非正規労働者が多い中で、何とか雇用をつなぎ止めた人の賃金を調査したためである。
vi 帰属家賃というのは、国民経済計算における特殊な概念のひとつで、持ち家の場合でも家賃を払って借家を借りていると考えて推定された計算上の家賃である。

vii　河野龍太郎「黒田緩和検証、20の疑問（上）」ロイター電子版コラム

viii　2010年と2015年の国勢調査を見ると、15～24歳層は男女とも4％、25～34歳層は男女とも12％減少している。

第6章　中間層の復活で日本経済の再生

日本経済の不振は、消費の低迷に象徴的に表れている。成熟化した経済にふさわしい仕組みになっていないところに最大の問題がある。その最も大きい問題が中間層の崩壊といわれる現象である。非正規雇用の拡大などで若者を中心に進む低所得化の進行である。ここにターゲットを絞って経済政策あるいは社会政策を進めることが必要ではないか。中間層の再生である。

1　中間層の再生

中間層の定義

では中間層をどのように定義すればよいのだろうか。野村総合研究所が富裕層を中心に分析

■表6-1

	純金融資産
超富裕層	5億円以上
富裕層	1～5億円未満
準富裕層	5,000万～1億円未満
アッパーマス層	3,000万～5,000万円未満
マス層	3,000万円未満

■表6-2

	年収
上流層	2,000万円～
中間層(上)	800万円～2,000万円
中間層(中)	500万円～800万円
中間層(下)	300万円～500万円
低所得者層	～300万円

したものがある。これは金融資産から見たものだ（表6－1）。

各階層の世帯数と金融資産の2000年以降の推移を見ると超富裕層の世帯数は減少しているが、金融資産は増加している。富裕層、準富裕層、アッパーマス層は、世帯数も金融資産も増加している。中間層と低所得者層で構成するマス層も同じように世帯数も金融資産も増加しているが、金融資産は07年に向けて下がり、その後、増加している。

今度は年収で区分してみた。これは筆者が独自に区分したものだが、ほぼ常識的な見立てであろう。この場合も世帯収入である。

世帯収入ということは、非正規雇用で働く若い男女が合わせて600万円なら中間層（中）に属するし、三世代同居となると中間層（上）となる世帯も出てくる。また一人世帯はランクが下がるだろう。さらに金融資産との関連で考えないといけない。前述したように大企業を定年で退職した人は、年金による収入以外に退職金などで金融資産を有している。

「共働き」支援に軸足を移す

中間層の再生のためにはいくつかの問題をクリアしなければならない。そのひとつが家族政策である。2014年では「共働き世帯（雇用者の共働き世帯）」が1077万世帯に対し、「専業主婦世帯（男性雇用者と無業の妻からなる世帯）」は720万世帯となっている。「共働き世帯」は6割に達している。共働き世帯が増えている理由は、若者層を中心に低賃金化が進行していることが背景にある。同時に若者特に女性の意識が変わり「働くのが当然」と考える人が増えていることである。日本経済全体では労働力不足となってきていることもあり、女性の就労を積極的に支援しなければならないことは言うまでもないが、世帯収入を増加させるためにも意味がある。

出産・育児は女性の就業の拡大、継続と不可分の関係になっている。とすれば「男性の片働き」から「共働き」へと政策の軸足を移すことが求められているはずである。安倍政権の政策は、この点では極めて中途半端と言わざるを得ない。まず、「共働き」支援に軸足を移した上で、①家族政策の転換をはかること、②東京への一極集中の是正——の二点を理念として明確に打ち出すことが必要と考える。

「家族政策」の転換

「家族政策」という言葉は、ヨーロッパなどではよく使われる概念だが、日本ではほとんどなじみがない。家族をどうとらえるかについては、時代の流れの中で大きく変化してきている。共働きが増え、核家族化が進行し、ひとり親も増えている。結婚しないまま親との同居を続ける人も多くなった。こうした中で「男は働き、女は家事・育児」という保守的な家族観による性別役割分業も、国によって差があるが、新しい家族観のもとで大きく変化してきている。新しい家族観による家族政策とは、簡単に言うと男も女も働ける人は働く。そのためには家庭が担ってきた家事や育児などを社会が担うようにする（家庭の機能の社会化＝両立支援策）。そして男が家事・育児に参加すること、それを保障するために企業風土も変えるというものだ。

この点で、スウェーデン、デンマークなど北欧諸国、フランス、オランダなどは、早くから両立支援策を実施し、国民の家族観を転換させてきた。保守的な家族観が強いとされ、ヨーロッパの中で遅れをとっていたドイツも２０００年代に入って、「新しい家族政策」[ii]を打ち出し転換をはかっている。保守的家族観の根強さでは、先進国の中では日本とドイツは双璧といわれ、その意味で筆者はドイツの「新しい家族政策」は参考になると考えている。

ドイツの「新しい家族政策」は、

①分配政策（子どものいる家庭の経済的負担への支援）

②インフラ政策（保育施設など家庭の機能の社会基盤整備）

③時間政策（子どもと過ごす時間の確保）

の三つの政策が軸となっている。

分配政策は、２００７年に従来の「育児手当」を「親手当」に変更した。「親手当」は所得の67%を支給するもので、育児休業は14ヵ月間受給できる。片方の親が受給できるのは最長12ヵ月で、残りの2ヵ月はもう片方の親が休業しなければ受給できない。

ドイツの保育所はお昼まで、また夏には4〜6週間休園とするところが多い。そこで「インフラ政策」として、保育所の増設とともに丸一日利用できる体制の促進をはかっている。保育所に関する限りは日本の方が進んでいるようである。

「時間政策」については、家族、特に子どもと過ごす時間の確保に力点が置かれている。育児の一定期間を父親に割り当てる「パパ・クォータ制」で、父親も「親時間」を取得しやすくした。また、地方自治体、企業、商工会議所、労働組合、福祉組織、教会などで構成する「家族のための地域同盟[iii]」を作り、地域の実情に合わせた家族支援、仕事と家庭の両立支援に取り組んでいる。企業の理解を深める上で大きな役割を果たしている。

筆者がドイツの家族政策に注目するのは、「ドイツはファミリー・フレンドリーになる」というキャッチフレーズのもと「女性だけでなく男性も、仕事と生活を両立させるための環境を整える」ことを明確に打ち出しているからだ。そこには家事・育児は女性がすべきものという保守的な役割分担意識が残る社会風土を変えるという強い信念がある。

前述したように育児休業制度も片親なら「親手当」の支給は12ヵ月までだが、他方の親が取得する場合は2ヵ月延長される。これは2ヵ月の育児休業を父親に取得させようという誘導策である。事実これは成果を挙げていて、父親の育児休業の取得率は07年の3％から14年には34・2％まで増加している。

日本の男性の育児休業取得率は2・7％に過ぎない。しかも、取得者のうち5日未満が56・9％、2週間未満は5日未満を合わせて74・7％と圧倒的に短期間の取得にとどまっている。ちなみに女性の2週間未満は1・1％である。日本の制度は男女とも通常は子どもが満1歳までのところを1歳2ヵ月まで（特別な事情がある場合は1歳6ヵ月まで）延長が可能となっている。さらに最長2年まで延長できるようにする方向だ。これでは、女性の取得期間が長くなるだけだろう。

男性社員の育児休業取得率100％という日本生命保険は、日本の先進例といわれている。3年かけて100％を達成したという。評価すべきと思うが、こうした先進的な企業でも「男性は1週間程度の育休取得が多く、数ヵ月以上取る人はまだまだ少ないのが実情[iv]」だ。

出生率を上げる対策は、成果が出るまでにかなりの年数がかかるといわれているが、ドイツでは成果を着実に挙げている。出生率は13年には1・38だったが、14年1・47、15年1・50となった。4年連続で上昇している。ただ人口増の面では成果が出ているとは言いがたい。自然増減（出生数と死亡数の差）は、70年代初めから一貫して減少（死亡数の方が多い）している。にもかかわらず実際の人口は60年代、90年代そして10年以降は増加しているのだが、これは移民の増加によるものである。出生率を上げるといっても、そう簡単に人口増には結びつかないことを肝に銘じるべきなのであろう。

翻って安倍政権の場合は、ドイツのように家庭や企業で支配的な「男社会」のあり方を変えようという視点はない。逆に「保守的な家族観」に戻そうという政策が目立つ。16年度から三世帯住居のための住居の改築に対する税制優遇を開始した。17年度の税制改正に向けて専業主婦優遇となっている配偶者控除については、16年10月の段階で早々と見直しを断念、控除を受けられる配偶者の年収の上限を103万円から150万円に引き上げることで矛を収めてしまった。

抜本改革に手をつけられなかったのは、明確な理念のもとに政策の具体化をはかるのではなく、財務省の税収維持の視点から取り上げたためである。育児休業の最大2年延長も育児の負担が女性にだけ増すことへの配慮はない。17年の通常国会には家庭における親の責任を明確化する家庭教育支援法案を提出する予定だ。これでは出生率を上げ、出生数を増やすだけでなく、共働きによる収入増という成果は期待できないことになる。

東京への一極集中の是正

もうひとつは、家族政策は、東京への一極集中の是正と並行して行う必要があるという点である。というのは出生率の低下は東京への一極集中と深く関連しているからだ。この点を解明したのは元総務大臣の増田寛也氏で、同氏編著の『地方消滅』（中公新書）に詳しく書かれている。出産可能年齢の女性が地方から全国一出生率の低い東京へと移動しており、このことが全体の出生率低下に拍車をかけている、という分析である。

とするならば地方で雇用を増やす政策と併せて政治、経済、文化、情報とあらゆる機能が集中する東京の吸引力を減ずる政策が求められる。そのためには東京に集中している機能の地方への移転、さらには本社を東京に置く企業に対する法人税率を上げるなど、思い切った政策を採る必要がある。

安倍政権は2014年9月に「まち・ひと・しごと創生本部」（本部長安倍首相）、その下に「まち・ひと・しごと創生会議」を設置、新たに地方創生担当大臣を創設、石破茂氏が就任した。政府として本格的に取り組む姿勢を示した。地方創生法案を成立させ、12月には「総合戦略」と「長期ビジョン」を閣議決定している。「総合戦略」には、東京の「過密化・人口集中を軽減」と明記、ビジョンでは、東京から地方への転出者を4万人増やし地方から東京への転入者を6万人減らすことで、2020年には東京への転入超過をゼロにするという目標を掲げていたのだ。

ところが、15年の1年間の東京への他の府県からの転入超過数（社会増）は8万１０００人となった。東京圏（東京、神奈川、埼玉、千葉）へは11万９０００人である。14年よりも東京都で８０００人、東京圏で1万人増えている。転入超過数は東京への一極集中のバロメーターで、11年以降、一貫して増加している。２０２０年までに転入超過数をゼロにし、東京への一極集中に歯止めをかけるという安倍政権の構想は、早くも頓挫してしまった。逆に一極集中を加速させているのが現状だ。

東京は待機児童が多い。その東京で保育所の整備を進めるためには、土地の確保と保育士の確保が求められる。保育士を確保しようとすると地方から手当てしなければならない。こうした動きに対して、富山市の森雅志市長は「都内で待機児童をゼロにしようとすると、保育士が流出し地方で確保できなくなる」と反発[vi]している。あるひとつの政策だけを行うと、その政策が良い施策であっても、全体として歪みを拡大させてしまうことがある。東京への一極集中是正策の遅れは致命的ですらある。

働き方改革——非正規労働者格差是正

安倍政権が、力を入れているのは「働き方改革」である。一億総活躍プランの中の働き方改革は、次の九つをテーマとして取り上げている。

1、非正規雇用の処遇改善（同一労働同一賃金）
2、賃金引き上げと労働生産性の向上
3、長時間労働の是正
4、転職・再就職支援、職業訓練
5、テレワークや副業・兼業など柔軟な働き方
6、女性・若者が活躍しやすい環境整備
7、高齢者の就業促進
8、病気の治療、子育てや介護と仕事の両立
9、外国人材の受け入れの問題

ここでは「非正規雇用の処遇改善（同一労働同一賃金）」と「長時間労働の是正」について触れたい。中間層の再生の観点からすれば、特に非正規雇用の処遇改善は底上げにつながるだけに大きな意味を持つ。「働き方改革」の中でも中心的なテーマとなっている。非正規雇用の処遇改善については、厚労省の「同一労働同一賃金の実現に向けた検討会」での議論をもとに2017年3月に「働き方改革実現会議」で実行計画を作ることになっている。

さらに三法（労働契約法、パートタイム労働法、労働者派遣法）一括改正の中味を決め、厚労省の労働政策審議会を経て、早ければ17年の通常国会後半か臨時国会、遅くても18年の通常国会に提出、成立をはかるという。施行は19年4月というスケジュールで動いている。通常は法律施行の段階でガイドラインが施行されるが、同一労働同一賃金に限っては、16年12月にガイドラインを策定、運用することが16年6月の「ニッポン一億総活躍プラン」で確認されていた。ところが、出されたのは「ガイドライン（案）」で、施行は19年4月の三法改正施行時と先送りされてしまったのである。おそらく経営側からの圧力と思われるが、先送りと骨抜きをめぐる攻防は始まったということなのであろう。三法でカバーされるのは、有期契約労働者、パートタイム労働者、派遣労働者である。

16年10月に筆者などで行っている「経済分析研究会」に、「働き方改革実現会議」や厚労省の「検討会」の中心的メンバーである東京大学教授水町勇一郎氏に講演していただいた。同氏の報告で詳細を知ることができた。

正規、非正規格差の問題は、賃金（特に基本給）だけでなく、ボーナス、退職金、通勤手当、社内食堂の利用、健康管理、更衣室の利用、現物の支給などにもある。まず、処遇に差をつけるのであれば、法案には「客観的理由のない不利益取り扱いの禁止」あるいは「合理的理由のない待遇格差の禁止」を明記し、ボーナスや手当などそれぞれについてなぜ処遇に差をつけるのかについて、企業の説明責任を明示するという。ガイドラインでは、それぞれについて考え方などを明記するとしている。

雇い方の違いで差をつけることの客観的合理性について企業に説明責任を課すという考え方は、フランス、ドイツなど先進国で先行、その後、ＥＵ指令としてＥＵ全体に波及した。日本のように職能給中心の賃金制度でも可能という。明らかに同等でなければならないものは、通勤手当、危険手当、食堂の利用など。逆に差が認められるのは、転勤の可能性、キャリアコースなどを加味する基本給など。基本給、諸手当などは正規、非正規を含め総合的に整理していく必要があり、労使交渉のテーマとなるだろうとしている。

同一労働同一賃金というよりも正規・非正規間格差の是正というべきものだが、今後の展開次第では、非正規労働者の処遇改善に役立つだろう。

最大の問題は、独立自営業者などということで委託契約にしたり、別会社の雇用という形でのすり抜けが可能なことだ。また、社員を全員管理職にして差をつけるという会社が出てくるかもしれない。

長時間労働是正は、三六協定の上限を決めるということのようだ。1ヵ月平均60時間（ただし繁忙期は１００時間）という案が出ている。この問題は長時間労働を是とする企業風土が定着していること、官庁、業界、下請といった業務の流れ全体を変えないと改革はできない。この問題の方向性は極めて明白で、政府が先頭に立って改革に向けて実行するしかない。あとは一罰百戒である。電通の新入社員の過労自殺が労災認定され、厚生労働省東京労働局が電通に労働基準法違反の疑いで強制捜査に入り書類送検した。これも政権の強い姿勢がバックにあったからであろう。一罰百戒は大きな意味を持っている。

カギは中間層の生活の立て直し

「デフレからの脱却」ということで、名目GDP600兆円達成という「強い経済」を実現させ、分配を強化するという経済政策は、いずれ立ちゆかなくなるだろう。「強い経済」といっても公共事業中心の財政政策頼みで、中長期的に国民生活を向上させることによって消費を拡大するという戦略はない。経済界に賃上げを要請するのが唯一の施策となっている。

日本経済の再生を考える時、中軸に据えるのは「中間層の生活を立て直す」ことである。中間層の生活が立ち直れば社会に余裕が生まれ将来不安が薄らぐ。消費の拡大も見込めるようになるだろう。「分厚い中間層の復活！」と言いたいところだ。

では、日本の中間層の現状はどのようなものなのか。「停滞の20年」の中で中間層の生活が疲弊し、中間層の安定感が失われつつあることが消費の低迷にも響いている。第5章では、若者の低所得化について述べたので、ここでは全世代について分析してみたい。

■図6-1：中間層は低所得者層にシフトしている

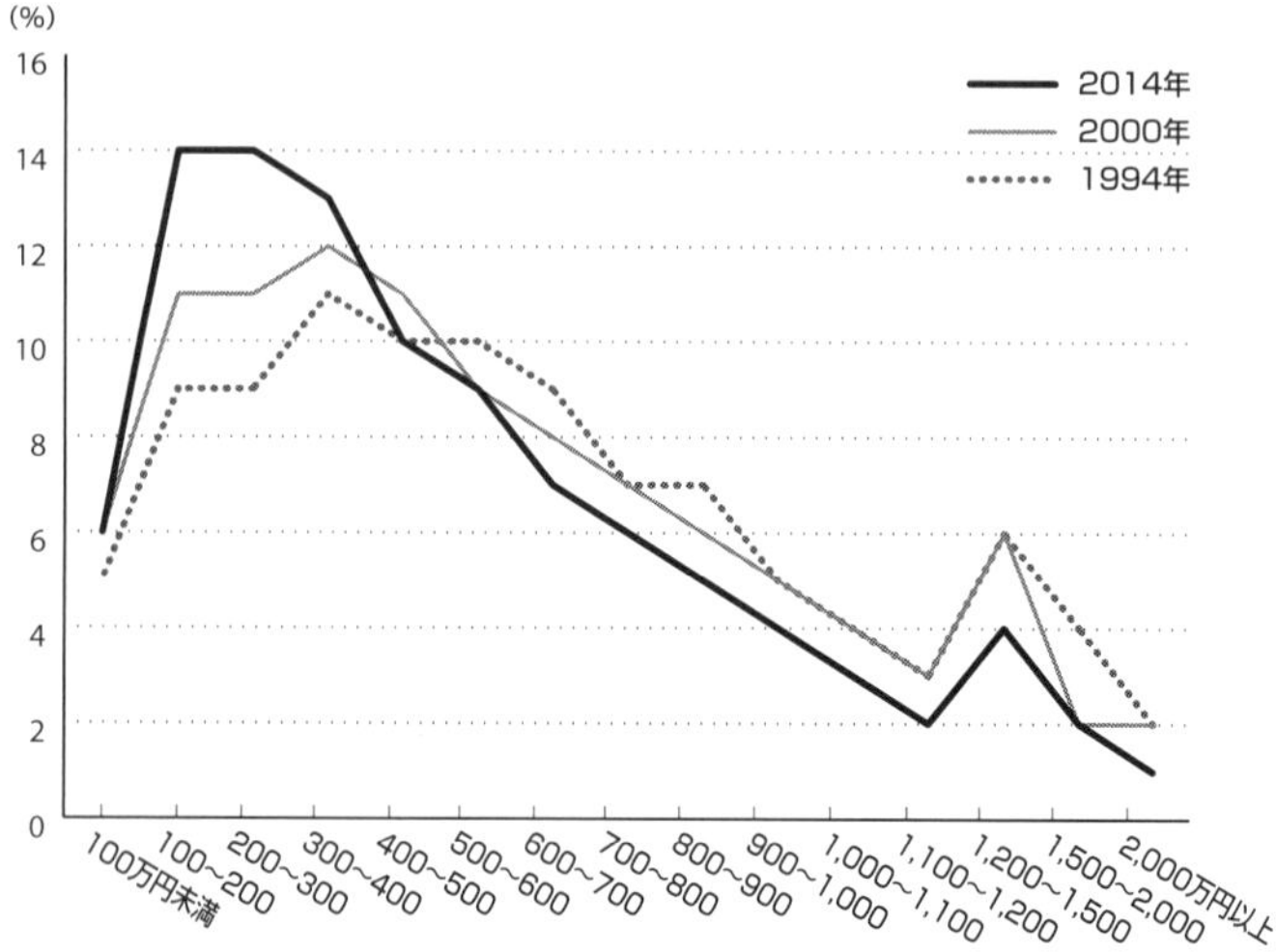

出所：厚生労働省「国民生活基礎調査」

図6‐1は世帯あたりの所得を1994年、2000年、2014年と比較したものである。94年当時は、年収300万〜400万円層から500万〜600万円層まで、ほぼなだらかな山を形成していた。ところが2000年を見ると、100万〜200万円層から300万〜400万円層が増加、14年にはさらなる増加が顕著となっている。同時に500万〜600万円以上はどの層も減少している。これは世帯あたりなので、夫婦共働き、あるいは親子で働いている場合は合算している。

こうした低所得層へのシフトは、なぜ起こったのか。要因として考えられるのは、①賃金の下落と低賃金の非正規労働者の増加、②団塊の世代が定年を迎え年金生活に入った、③一人世帯の増加、④年功賃金体系が崩れ中高年の賃金が頭打ち——などだろう。賃金の下落は、低賃金の非正規労働者の増加が大きな要因である。厚労省の国民生活基礎調査によると、平均給与金額は94年は664万2000円、2000年は616万9000円、直近の14年は541万9000円と減少の一途をたどっている。

また、団塊の世代を中心に高齢者が定年を迎え、年金生活に入ったことも要因となっている。大企業などで50歳代までは1000万円近い所得があっても、65歳以降、年金生活に入ると年間の収入は200万円から多くても400万円程度となるためだ。さらに一人世帯（単独世帯）の増加も要因となっている。単独世帯の全世帯に対する比率は、94年には22・5％だったが2000年は24・1％、14年は26・8％と増えている。

年功賃金体系が崩れ中高年の賃金は頭打ちになっている。50歳代の賃金は頭打ちとなっているだけでなく、55歳以上の年齢は年収が下がる傾向が顕著となっている。こうしたことが500万円から1000万円台の層の下押し要因となっていると見られる。日本的雇用システムの特徴のひとつである年功賃金は、明らかに崩れつつあるといえるだろう。

2　賃上げはどこまで可能か

こうした点を踏まえた上で、「中間層の底上げ」を考える場合、着目しなければならないのは中間層（下）である。図6－1でも明らかな通り、この20年の間に中間層の中心が中間層（中）から中間層（下）となったためである。この層の底上げができれば中間層は大きく再生されるはずである。

そのためには現役世代（生産年齢人口）に的を絞り、さらに中間層、特に中間層（下）の底上げをはかる手立てを考える必要がある。主要には三つ考えられるのではないだろうか。

1、賃上げ、最低賃金のアップ
2、非正規労働者の処遇改善、格差是正
3、支出面での支援（住宅、教育など）

いずれも必要な施策だが、どこに重点を置くのかという問題である。まず賃上げについて考えてみよう。安倍首相は賃上げを重視している。円安にして輸出比率の高い大企業の収益を上げ、その収益で賃上げをはかるというものである。事実、安倍首相は２０１４年、15年、16年と3年連続で、春闘での賃上げを促した。17年春闘についても賃上げを呼びかけている。ところが14年4月からの消費増税と円安、原油高で物価が3％以上上昇したにもかかわらず、1年後の15年春闘で2・38％（厚生労働省調べ）にとどまった。16年春闘は2・14％（同）と下がっている。14年、15年と政労使の代表による協議の場（円卓会議）も作られたが、効果が期待できないと見た安倍首相は、16年は円卓会議方式をやめ経団連に直接賃上げを促した。

こうした政府の「努力」にもかかわらず賃金の上昇は鈍い。その結果、実質賃金のマイナスが継続したことは第5章で見た通りである。賃金が上がらないのは労働組合が闘わなくなったからというのは、確かにその通りである。政府が賃上げを応援しているのだから、多少の実力行使を行ったとしても保守層を含めた世論も味方するはずである。

にもかかわらず労働組合に闘う姿勢は見えない。16年の春闘では春闘相場をリードする金属労協の中核単産である自動車総連、その中心単組であるトヨタ労組が前年の6000円の半額である3000円の賃上げ要求をした。多くの人が前年を上回る要求をすると思っていたが、同額どころか半額にしたのである。

トヨタ労組の対応は、トヨタ自動車だけでなく自動車産業の置かれている現状を反映していると見るべきだろう。自動車産業については第5章でも取り上げたが、国内販売は頭打ちとなっている。外国からの輸入車を含めすべての四輪車の年間販売台数は500万台を割る水準で、人口減少や実際に自動車に乗る年齢層である現役世代（生産年齢人口）の減少、さらには国内はすでに自動車は満杯状態であることを考えると、今後の販売台数の増加は見込めない。

1910年代に米国のフォード社は、大量生産方式を確立し生産性を上げ価格を引き下げた。引き換えに従業員の賃金を上げて労働者でも自動車を買うことができるようにした（「フォーディズム」といわれる）が、成熟化社会ではもはや通用しないということなのだろう。春闘相場をリードするトヨタ自動車で高水準の賃上げを実現、それを全体に波及させたとしても、国内の自動車の販売台数が大きく増えることは考えられないからだ。

もうひとつ問題がある。第4章で指摘したように中国、ASEAN諸国の賃金水準との比較で考えざるを得ないことである。自動車は各社によってスタンスの差はあるが、85年のプラザ合意以降の傾向は、消費地に近いところで生産を行うという考え方である。米国、EUだけでなく中国、ASEAN、インドなどでも生産を行っている。どこで生産を行うかは為替相場、賃金水準に依るところが大きい。国内の賃金が上昇すれば、当然、中国など海外生産拠点での生産の方が、メリットが大きいということになる。

要はグローバル経済の中で日本の企業の立ち位置が大きく変わってきたということなのである。ただ、この点について言えば、日本経済はすべてがグローバル化された産業で成り立っているわけではない。顧客が国内だけのサービス産業なども多く、グローバル産業とローカル産業が共存する形で構成されている。ローカル産業の多くは地方のサービス業で、生産性が低く賃金水準も低い。非正規労働者も多い。

このように日本経済の現状は、賃金が上がりにくい構造となっているのである。グローバル競争と低い生産性、こうした中でどのようにして賃金を上げればよいのだろうか。生産性を上げ付加価値を高めることである。ブランド力を高めて中国やＡＳＥＡＮなどの富裕層、形成されつつある中間層に売り込む。こうした戦略が求められるだろう。ただ民間企業が戦略的に対応して収益を上げても、賃上げに跳ね返るという保証はない。内部留保が増えるだけということになれば、何も変わらないかもしれない。生産性が向上した分だけ雇用が喪失される可能性すらある。

このような状況の中では政府の対応が問われる。ただ政府ができる政策は限られている。安倍政権は、最低賃金を全国平均で１０００円程度を目指し毎年３％ずつ引き上げるという方向性を打ち出している。16年は全国加重平均で８２３円なので、毎年３％ずつ引き上げられれば7年後の２０２３年には１０１２円となる。最賃引き上げの意味は大きいだろう。

「逆所得政策」の可能性

しかし、最低賃金アップだけでは中間層全体の底上げはできない。そこで近年注目されてい

るのが「逆所得政策」である。IMFは2016年8月に公表した「対日審査報告」で次のように提案している。[vii]

所得政策を再充塡し企業に賃金上げを促すべし――インフレ率を上げる賃金と物価の好ましいダイナミクスを作動させるには、所得政策の後押しが必要となる。すでに決定されている最低賃金を3%上昇させることに加え、当局は、企業ガバナンス改革に使われている「順守するか（それが守れなかった場合は）説明せよ」のメカニズムと同様の（賃上げの）規則を企業に求めたり、（最終的には罰則の導入も視野に入れた）税制上のインセンティブを拡大したり、インフレ目標に整合した行政的に管理された賃金と物価の引き上げなどによって、民間企業に賃上げを促す必要がある。

IMFの提案では「所得政策」となっているが、日本が1970年代に採り入れた所得政策は、物価上昇を上回るような賃上げを抑制するためのものであった。現在、検討されているのは賃上げのための政策なので「逆所得政策」といわれている。このIMFの提案を本当にやろうとすれば、罰則付きの法律を制定させる必要がある。しかし、いざ立法化するとなれば、経団連などは抵抗を強めるだろう。同時に賃金は労使で決定すべきもので、政府が介入するのはいかがなものかという議論は当然出てくる。

そこで考えられるのが、賃上げをする企業に対する減税や何らかの補助金を出すというような政策である。安倍政権は減税策の具体化に動いている。確かに中小企業には魅力があるかもしれないが、大企業はほとんど振り向きもしないのではないか。しかも中小企業の7割弱が法人税を納めていないという現状では、減税策の有効性は乏しい。さらに基本給を上げれば時間外手当やボーナス、退職金に跳ね返るので、一時的な優遇策には乗りにくいという事情もある。

非正規労働者の処遇改善

そこで考えられるのが、非正規労働者の処遇改善、格差是正である。非正規労働者の処遇改善、格差是正を進めることができれば、低所得者層の底上げをはかることが可能になる。安倍政権が突然にせよ「格差是正」を掲げ、取り組み始めたことは、前述したように一歩前進といえる。

というのは、基本給部分の引き上げは厳しくとも、ボーナスや退職金、諸手当などは、一定に上げざるを得なくなるからだ。たとえばボーナスは、有期契約労働者やパート労働者、派遣労働者に対しては無しか、多少出すところでもせいぜい数万円程度だろう。これが数十万円となるのであれば意味は大きい。退職金も同様である。諸手当も格差は残っても、これまでのような極端な格差は認められなくなるので増額となるはずだ。

問題は経営側の抵抗などで薄まってしまうだけでなく、すり抜ける道が多くあることだ。また、裁判で判例が確定するまでに時間がかかることも問題点として残る。中間層（下）、低所得者層の底上げに一定の役割を果たすことを期待したい。

3　負担軽減策を考える

住宅費と教育費にてこ入れ

三つ目の「支出面での支援」だが、現役世代が負担になっている家計支出の中で何らかの支援ができれば、事実上の賃金アップと同じ効果を持つことになる。日々の生活の中で何が負担になっているのだろうか。図6-2を見ていただきたい。

この図は、人生を五つのライフステージに分けて消費支出の費目構成を比べたものである。20歳代の第一ステージと30歳代の第二ステージは住宅費の比率が高く、第二ステージから40歳代の第三ステージ、さらには50歳代の第四ステージまでは教育費の比率が大きくなっている。50歳代では教育費が全支出の4分の1を占めている。子どもが高校、大学へと進学し、教育費が負担となっているのが分かる。

■図6-2:若者世代は住居、中高年は教育費の比重が大きい

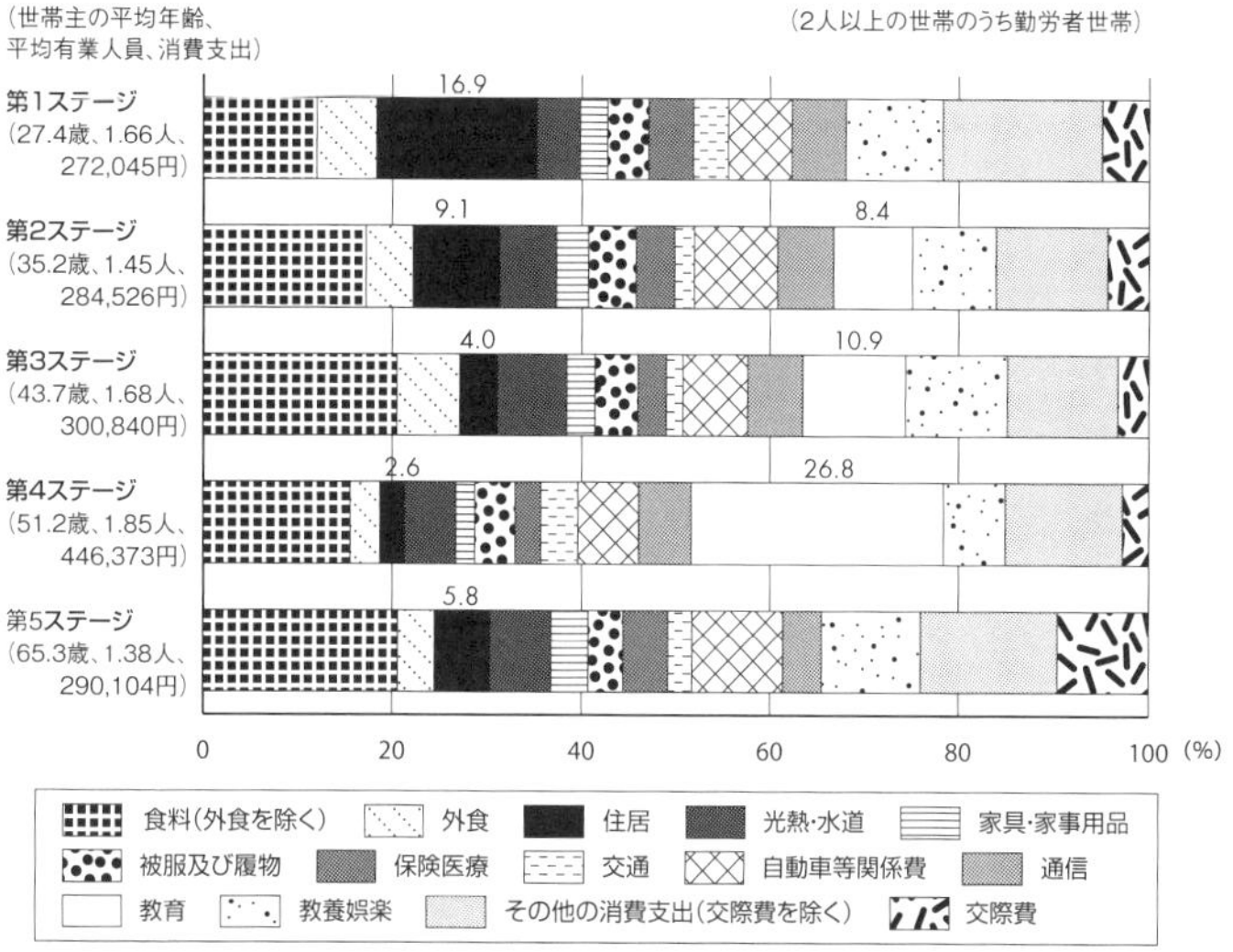

出所:総務省「2014年全国消費実態調査」

若い人の中には親と同居し事実上住居費がゼロという人もいる。また、子どもがいなければ教育費は発生しないのでゼロとなる。このような人たちを含めた平均の数字なので、実際に若い人で住宅ローンを設定している世帯の住居費の比率は高くなる。また、中高年者で子どもが大学生であれば、教育費の比率はもっと高くなるだろう。

結婚して子どもができれば、将来の子どもの教育費のために貯金をしたり、住居を購入するために銀行などからの借金をする。２０００年以降を見ると（図６－３）年収と貯蓄は減り負債は増えている。したがって貯蓄に対する負債の比率である負債比率は高まる傾向にある。こうしたことが、現役世代を苦しめているのだ。

■図6-3:家計の負債は増えている

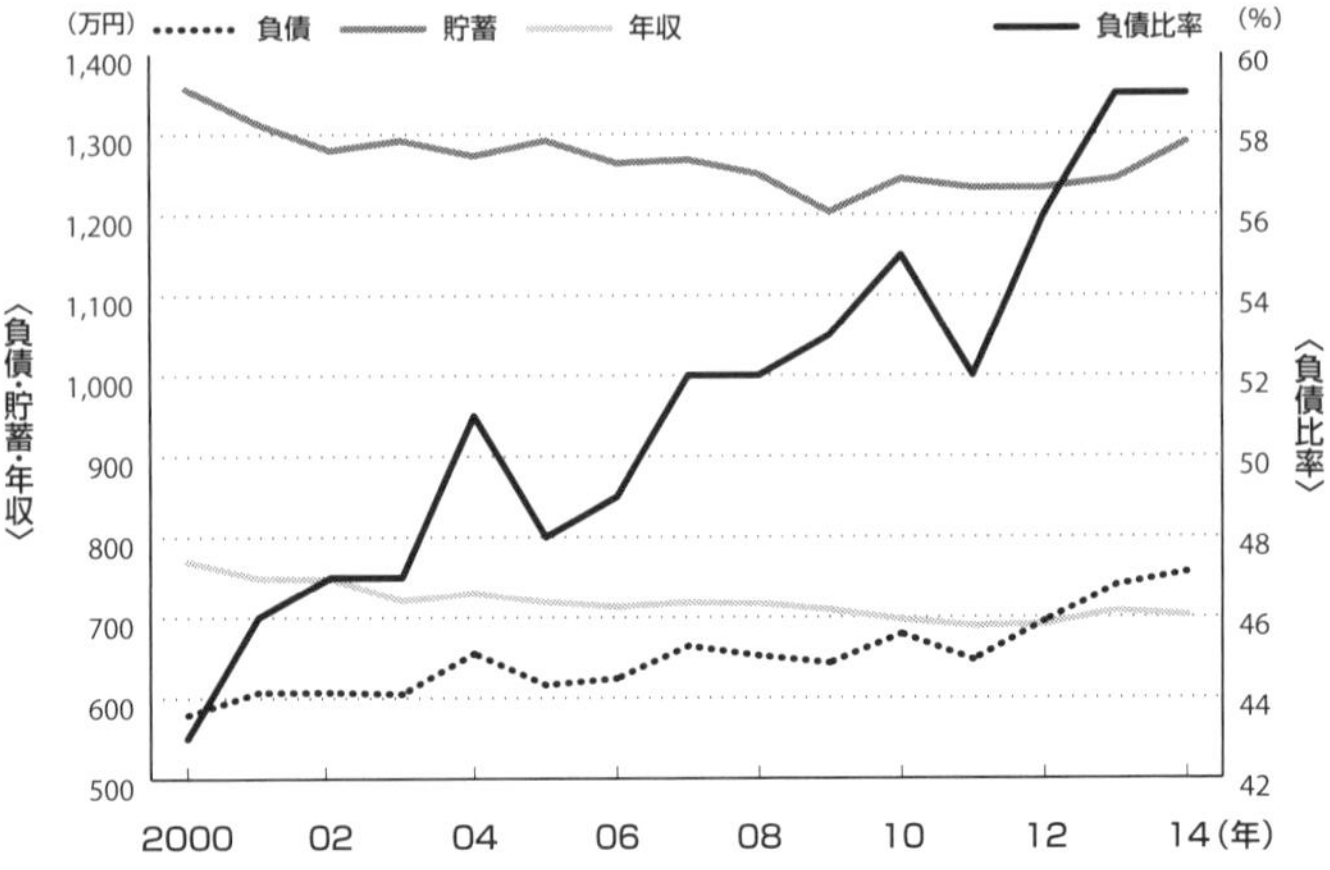

出所:総務省「家計調査(貯蓄・負債編)」(勤労者世帯・農林漁家世帯を含む)

持ち家制度から借家優遇に転換

そこで考えられる政策は、二大消費支出費目である住居費と教育費の負担軽減である。この二つが軽減されれば、生活は大幅に改善されるはずである。これらの支出が減少しても収入が増えるわけではないが、収入増と同じ効果をもたらすからだ。

まず住居費の負担を軽減させる政策を考えてみる。戦後70年を経て住宅政策は見直しの時期に来ている。理由は二つある。第一は戦後一貫して続けてきた「持ち家優遇」制度にほころびが出てきていることである。賃金が低下している状況で住宅ローンを組めば生活を圧迫する。全国消費実態調査によると、住宅ローン返済額の対可処分所得比は1994年で10・9%だったものが、14年には17・1％まで上昇している。94年はバブル経済崩壊直後で不動産価格も高く、住宅ローンの金利も高かった。逆に14年の不動産価格は異次元緩和によるプチバブルで一時に比べ多少上昇した（それも大都市とその周辺に限られる）ものの、94年に比べればはるかに低い水準である。しかも金利は著しく低い。にもかかわらず住宅ローンの支払いが、生活を圧迫している度合いは高まっているのだ。そこで考えられるのが「持ち家優遇」から「借家優遇」への転換である。

理由の第二は、住宅需給の基調が「住宅不足」から「住宅余剰」に変化していることである。住宅ストックは多くなり空き家は増加している。全国の空き家戸数は13年で820万戸、総住宅数（6063万戸）の13・5％と過去最高となった。7軒に1軒は空き家ということになる。野村総合研究所によれば、もしこのまま推移すれば2033年には空き家は2150万戸となり、比率も30・2％まで増加すると予測している。

住宅は明らかに余っているのだが、住宅が行き渡っているわけではない。ミスマッチを起こしている。というのは低家賃の借家は減っているため、低所得者層と中間層（下）向けの住宅は足りていないのだ。このため、こうした人たちは収入に合わない家賃の借家を借りざるを得ないのである。中間層（下）の人たちの中には、ムリをして住宅ローンを組み、敷地面積20坪以下のミニ戸建てを購入するケースも少なくない。低家賃の借家は、高度成長時代までは公営住宅という形で供給されてきた。ところが公営住宅の新規供給はほぼ停止され、URや住宅供給公社などは地域の民間水準に合わせるということで家賃を引き上げてきた。

都市と地方農村部による差も大きい。特に東京への一極集中で東京、神奈川、埼玉、千葉の各都県の人口は増加、都心へのアクセスが良く人気の高い地域は依然として住宅ニーズは根強い。異次元緩和で不動産業界に資金が流れ、マンション、一戸建てとも値上がり状況となっている。他方で東京圏でも都心から1時間半から2時間の通勤圏は人口減少が始まっている。さらに農山村部を中心に人口減少が進み、住宅需要は大幅に減少、不動産価格は下落している。

こうした状況の中で考えられる住宅政策は、まず都市部を中心に公営住宅の供給を増やすこと、民間の空き家の利用を進めることである。また、借家の家賃補助の仕組みを作ることである。民間アパートなどで生活する低所得者層向けに家賃のうち一定額を補助する。[viii]

このような住宅政策の転換は、低所得のひとり親世帯や高齢者に対する支援策としても有効である。国民年金を受給している高齢者が、東京など大都市において一人で生活することはできない。国民年金は満額で6万5０００円程度だ。都内であれば1ＤＫでも家賃が最低5万～6万円はするからだ。

多くの国民が安心して生活のできる住宅を確保することによって、人々に安心感とゆとりが生まれてくる。ゆとりが生まれれば消費は増えるだろう。

公的住宅の拡大、借家住宅生活者への補助などの財源をどうするのか。厳しい財政の中で捻出するのは簡単なことではない。この点については、あとで詳しく述べるが、基本的には増税を考えるべきである。そのためにも借家住宅の拡大は中間層全体をカバーできる政策にすべきだ。家賃は安いが狭くて不便ではなくて、広くてゆとりがある住宅の提供である。良質な借家が提供されれば、あえて持ち家にしなくてもよいという人たちは増えるはずだ。

財源問題にも絡むが、持ち家制度優遇策のひとつに住宅ローン減税がある。持ち家制度を優遇しないからといって住宅ローン減税をいきなり廃止すれば、ムリをして家を購入した人たちは、はしごを外されたと感じるだろう。新規受け付け分の優遇措置の減額という形をとりながら徐々に減らしていくことになろう。

就学前教育の無償化

次に就学前教育の無償化と大学無償化を提案したい。これは教育費が低所得者層、中間層の負担を増やしているからだ。「停滞の20年」の中で消費者物価は前年同月比でマイナス圏内に入り、「デフレ経済」といわれてきた。ところがこの20年、教育費だけは一貫して上昇してきたのである（図6-4）。

この図を見ると２０１０年の教育費が極端に落ちているが、これは民主党政権による高校無

■図6-4:デフレの時も教育費は増えていた

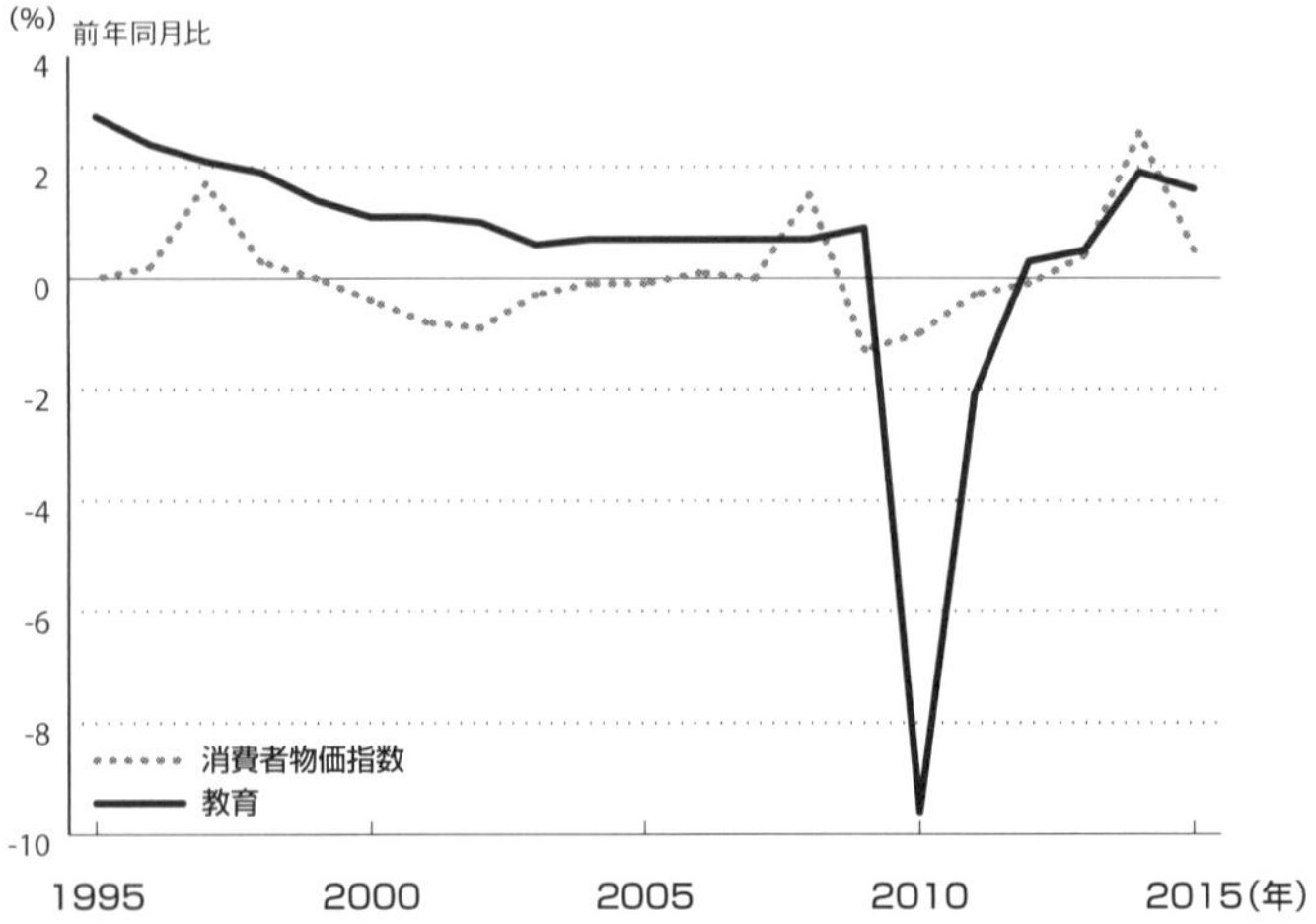

注:消費者物価指数は生鮮食品を除く総合
出所:総務省「消費者物価指数」

償化によるものである。ひとつの政策がこれだけ大きな影響を及ぼすことがよく分かる。消費者物価指数が97年と14年に上昇しているのは、消費増税の影響である。

親にとって子どもの教育費が将来どれくらいかかるか分からないという不安がつきまとう。実際に親になるとだれでもが実感することだが、子どもが4、5歳になると将来のことを考えるようになる。ソニー生命の「子どもの教育資金と学資保険に関する調査2016」によると、教育資金に不安を感じる人は79・4%に達した。興味深いのは、不安を感じると答えた人に理由を聞くと、最も多いのが「教育資金がどのくらい必要となるか分からない」と答えた人が54・5％に達することだ。この回答をした人の中で特に多いのが、子どもが未就学児の親（63・7％）と小学生の親（62・4％）だった。高校、大学進学と進んだ場合にどれだけかかるのかが不安なのだ。

そこでまず就学前教育の無償化について考えてみたい。目指すのは0歳から5歳までの保育所、幼稚園の保育料の無償化である。現状ではたとえば横浜市の場合、前年所得税額約10万円（年収で約500万円）の場合、保育料は3歳未満で月4万1500円、年間約50万円となる。子どもが3歳以上になると2万5800円、二子目では3歳未満で1万4500円まで下がる。年子で第二子をつくると年間約67万円の負担、2歳離れていれば年間約48万円となる。東京都区内は区によっても異なるが、概ね横浜市の約半分の負担ですむ。子どもの年齢が上がるにつれて負担が減るので、両親は少しずつ楽になると思えることがせめてもの救いかもしれない。

私立幼稚園の場合、保育料以外に入園料が2万円から10万円程度必要となる。その他、教材費、スクールバス代、給食費などがかかる。基本的には午後2時までなので、それ以後は別途預かり保育代が必要になる。公立幼稚園は私立に比べかなり安くなる。

筆者の提案は、まず保育所も幼稚園も5歳児の保育料を無償化する（同時に5歳児教育を義務化する）というものである。次は3歳児以上、最後は0歳児以上というように無償化を段階的に拡大していく。眼目は親の経済的負担を軽くすることもあるが、目的は就学前教育として位置づけ直すことにある。現状では、働く親のために子どもを預かる保育（保育所）と教育（幼稚園）とに分かれている。教育にも力を入れる保育所も増えてきているが、他方で預かり保育を行う幼稚園も増えてきており、実態として両者の差異はなくなりつつあるように見える。

これを「教育」として位置づける。管轄する官庁も幼稚園（文科省）と保育所（厚労省）と分かれているが文科省に統一する。

日本は、幼時教育費の公費負担割合、1人あたり教育支出とも海外諸国に比べ著しく低い。公費負担を増やすのは極めて当然といえよう。

就学前教育に力を入れるのは世界の流れになっている。2000年にノーベル経済学賞を受賞した米シカゴ大学のジェームズ・ヘックマン教授の論文が、ひとつのきっかけとなった。ヘックマン教授は、就学前教育が経済的な効果があることを実証的に明らかにしたとされる。1962年から67年まで米国ミシガン州で実施された「ペリー就学前計画」で、経済的に恵まれないアフリカ系の58世帯の幼児を対象に、毎日2時間半の授業と週1回の教師による家庭訪問を行い親に対する教育指導を行った。この子どもたちを40歳まで追跡調査したところ、こうした教育を受けなかった子どもたちに比べると14歳の時の学力では高く、また40歳の時の収入も多くなった。生活保護受給率や逮捕される率も低くなったという。幼児教育によって協調性や忍耐力、やる気といった「非認知能力」が高まったためと分析している。

ヘックマン教授の提言は「（幼児期の教育に介入することによって）個人の成功を実現することはもとより、機会均等化を進め、経済を発展させ、より健康な社会を築くためには、社会政策を大きく変化させる必要がある」[x]というものである。

就学前教育に経済的な効果があることは、以前から指摘されてきたが、実証したのはヘックマン教授が最初とされる。２０００年代に入ると、ＥＵ各国などは競って就学前教育の充実に乗り出した。貧困、格差対策だけでなく女性労働力の活用の観点も強調された。その柱が「無償化」と「教育体系に組み込む」の二つである。教育体系に組み込むために教育担当官庁への一本化が行われた。イギリス、スウェーデン、ノルウェー、オランダさらにはニュージーランドなどが、教育担当官庁に統合している。

こうした国際的な流れに日本はまったく乗ることはなかった。ようやく民主党政権になって、子ども手当の増額、「総合子ども園」の創設という政策を掲げ実現に向け動いたが、当時野党の自民党に譲歩を迫られ、骨抜きになった経緯がある。

ところが12年に政権に復帰した自民党は、２０２０年度までに3歳以上の幼時教育の無償化に乗り出すことを明言したのである。14年度から段階的にスタートしたが、年収約３６０万円未満の世帯が対象で、しかも専業家庭で子どもが3歳以上（1号認定）、共働き家庭で子どもが3歳以上（2号認定）、共働き家庭で子どもが3歳未満（3号認定）に分かれ、さらに第二子は半額、第三子は無償と複雑だ。加えて市町村に認定の手続きが必要となる。3歳児以上の幼時教育の保障と少子化対策に重点が置かれている。この程度の軽減策をすでに実施している自治体は少なくない。とはいえ国が一歩踏み込んだことは評価できるだろう。

国の政策よりもさらに踏み込んだのが大阪市だ。大阪市は16年4月から5歳児の教育費を無償化した。所得制限はない。19年末までに3歳児までの無償化を目標としている。15年に市長に就任した吉村洋文氏の強いリーダーシップのもとに実施されたようだ[xi]。

ただこうした幼時教育の無償化に対しては批判もある。「所得制限をかけずに無償化する財源があるなら保育所の整備を第一にしてほしい[xii]」という意見などだ。

大学の無償化

もうひとつの提案は大学教育の無償化である。文科省調べによると2014年度の私立大学の授業料（86・4万円）など初年度納付金の平均は131・2万円となった。国立大学は、授業料が53・6万円、入学料28・2万円、合計81・8万円である。1975年からの授業料の推移を見ると、国立大学の上昇が目立つ。国立大学の授業料は、06年以降は据え置いているが、1975年に比べ約15倍にもなっている。これに対し私立大学は4・7倍である。かつては家が貧しくても入学が可能だった国立大学は、今や貧困層や低所得者層には手が届かなくなっている。

しかも、文科省は今後、国立大学に出している運営費交付金を毎年減少させる方向で、そうなると国立大学は授業料を値上げせざるを得なくなる。文科省は15年12月1日の衆議院文科委員会で、2031年度には授業料は93万円まで上昇するという試算を示した。

この試算が報道されると40万円も値上げするのかという批判が高まり、文科省は16年3月になって高等教育局名で「今後、毎年国立大学の授業料を引き上げて40万円も値上げを行うことは考えておりません」というコメントを出さざるを得なかった。

こうした教育費の負担は、低所得者や中間層に重い負担となっている。日本政策金融公庫調べによると、年収200万円から400万円未満層の高校と大学の在学費用は、平均して108万円となり、年収に占める比率も36・8％なので3分の1を超えている[xiii]（図6－5）。

大学の無償化といっても、国立大学、私立大学の授業料をある年に一斉にゼロにするというのはむずかしい。それだけで約2兆4000億円の財源が必要だからだ。そこで、たとえば毎年10万円ずつ減らしていけば、5年ないし6年で国立大学は無償となる。私立大学の授業料の無償にはさらに5、6年かかるかもしれない。国民に必ず無償化を実現するというメッセージを伝えることが重要だろう。授業料が無償になっても入学金などの負担は残る。地方から東京など他の都市の大学に入学した場合は生活費の負担も大きい。とはいえ授業料が無償化される

■図6-5:教育費は低所得者層、中間層に重い負担

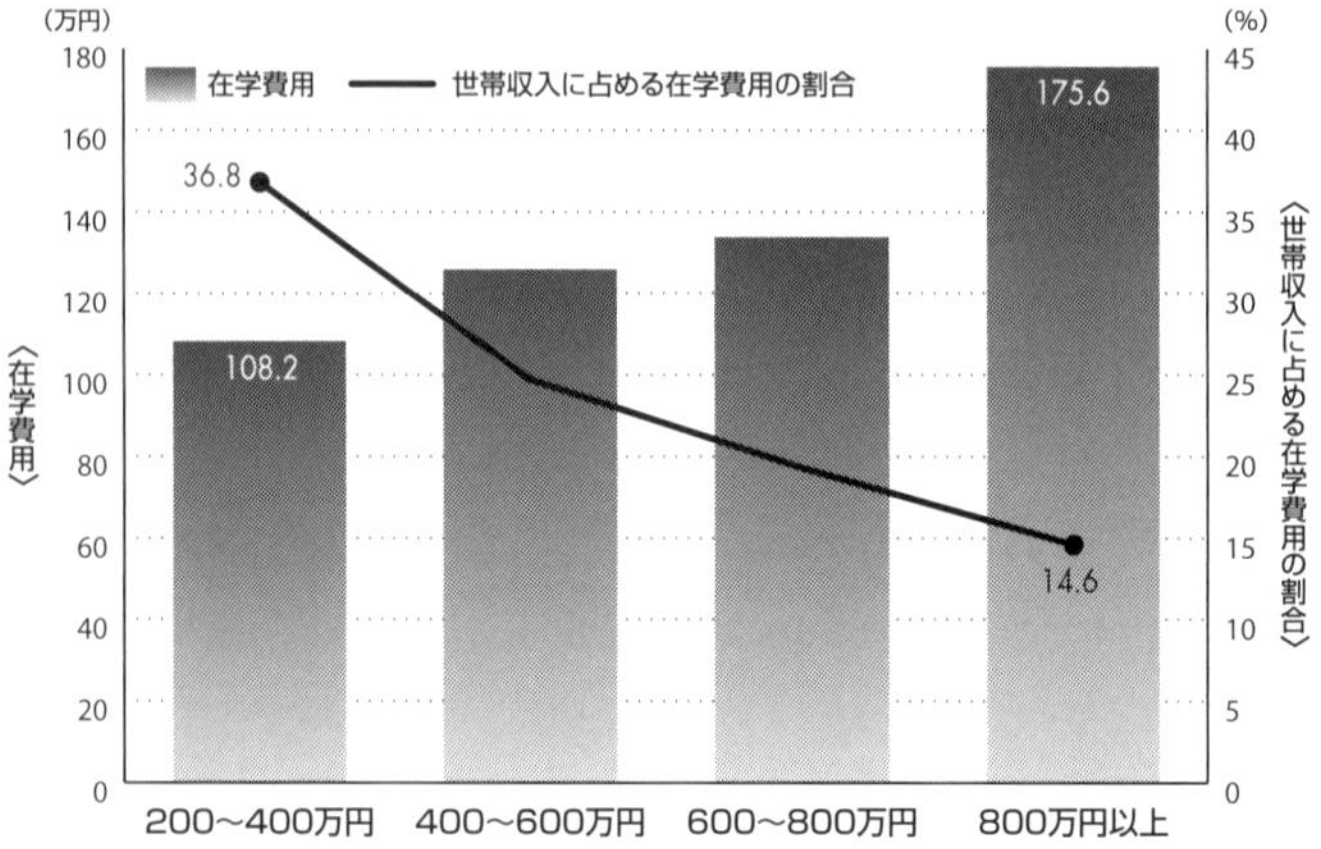

出所:日本政策金融公庫「教育費負担の実態調査」(2015年度)

だけでも、負担はかなり緩和されるはずだ。

子どもの大学教育の費用は、現役世代を通じた負担となっている。前出の日本政策金融公庫調べの「教育費負担の実態調査」(2015年度)によれば、教育費の捻出方法を三つまでの複数回答で聞いたところ、トップは「教育費以外の支出を削っている(節約)」がトップで29・9%だった。次いで「預貯金や保険などを取り崩している」(27・9%)、「奨学金を受けている」(22・0%)の順だった。大学の授業料が無償化されれば、大学生の子どもを持つ中高年層の負担は軽減されるが、幼児、小学生の子どもを持つ若い世代にとっても、将来に対する不安感が軽減されるので意味は大きい。

税制改革と増税

就学前教育と大学の無償化を実施しようとすると、合わせて約3兆7000万円必要となる。これだけの多額の費用を恒久的に保証する財源はない。「国債を発行しても成長を軌道に乗せれば問題ない」という論法は、いずれ行き詰まることは明白だ。また、「無利子永久国債」を政府が発行、日銀が直接引き受けるというヘリマネ政策も現実的ではない。ではどうするのか。ここは大変だが増税でまかなうのが筋だろう。

増税というと反発が大きいと思うが、日本の税金と社会保険の負担は国際的に見るとどちらかというと低い方だ。

日本の国民負担率（租税負担率＋社会保険負担率）は、EU諸国に比べて低い。2013年度（財務省調べ）で見ると、日本の国民負担率は41・6％である。GDP比でも31・0％だ。フランス67・6％（GDP比47・3％）、スウェーデン55・7％（同36・7％）、ドイツ52・6％（同39・1％）、イギリス46・5％（同34・2％）となっている。米国は日本よりも低く32・5％（同26・1％）である（いずれも2013年）。こうした点を勘案すれば増税（あるいは社会保険料率の引き上げ）の余地がある。そもそも日本の財政が厳しくなった要因のひとつは所得減税にある。高度成長期に税収増になると減税を繰り返してきた。このあたりは慶応大学教授の井手英策氏が分析している。[xiv]

このようなことを書くと、財務省の官僚から「その通り」という合いの手が入りそうだ。しかし、筆者は決して積み上がる政府の負債を軽減するために増税を唱えているのではない。必要な施策については国民の同意のもとに税でまかなう必要があると考えるからだ。

ここでは増税による財源確保という戦略に向けて三つ提起したい。

選別主義から普遍主義へ

第一は税制改革を行うことである。高所得者の負担を増す所得税の累進化だけでなく、相続税の強化などである。企業が納める法人税は、国際的な流れの中で税率引き下げの方向である。トランプ米大統領は、法人税率を引き下げることを表明している。実際にどこまで行うかは不明だが、国際的には依然として引き下げ圧力は強い。

法人税についてはまず、課税ベースを広げる必要がある。そのためには業界ごとに特別の減税枠を設けている「租税特別措置」にメスを入れなければならない。「租税特別措置」については、民主党政権の時に一度だけ見直しをはかったが、業界とその意を受けた官庁の猛烈な反対で事実上頓挫した経緯がある。産業界の既得権に手をつけるべきだ。課税ベースが広がると税率が下がっても安定的な歳入を見込むことができる。

企業に対してはこれまでため込んだ内部留保に何らかの課税を行うことは検討に値するだろ

う。この20年、さまざまな優遇策もあって企業だけが利益を積み増してきたからだ。消費税率の引き上げは否定しないが、2012年に当時の自民、公明、民主の3党合意で行った「税と社会保障の一体改革」のように「消費税増税ありき」とすべきではない。

第二は、増税＝負担増になるので、負担と受益の関係を明確にする必要がある。この点では、井手英策氏ほかが『分断社会を終わらせる』（筑摩選書）で主張している「だれもが受益者に！」という提言は説得力がある。

これまで政府は低所得者あるいは弱者に絞り込んだ「救済」政策を進めてきたが、こうした「選別主義」に基づく政策によって、受益を受ける低所得者層と受益を受けず負担だけが強いられる中高所得者、特に中間層との間に分断が生じている、と井手氏は指摘している。こうした政策を続けると、中間層が低所得者層に対し「既得権」を持つ者と見て、嫉妬やねたみを持つようになり不満が爆発、バッシングを強めるようになる。受益者を低所得者だけに絞り込まず中高所得者まで広げる必要がある。社会保障などの政策の基調を「選別主義」から「普遍主義」に転換するのである

受益者を選別し限定して救済するやり方が、社会に分断をもたらすのは、「本当に救済に値する人」を正しく判定することがむずかしいこともある。所得をもとに対象を絞れば、低所得でも資産を持っている人や家族の中に中高所得者がいることもある。こうしたことに対して、

負担だけを強いられる中高所得者層は反発を強めるようになる。負担が増えても受益が少なければ、そう思うようになるのは当然だろう。その結果、税金に対する否定的な感情すなわち「租税抵抗感」が強まる。そうなると増税がしにくくなり財政はさらに厳しくなるので、ますますターゲットを絞った政策を行うという悪循環に陥ることになるわけだ。

第三は、以上のような政策を進めるためには、政治に対する信頼の回復が必要だということである。「政治に対する信頼の回復」などという言葉を口にしただけで笑われそうな気がするが、これがなければ増税などあり得ない。与党が増税を打ち出せば野党はこれ幸いと攻撃をする。次の選挙での敗北を意識する与党は増税を引っ込めるという構図である。

12年の「税と社会保障の一体改革」は、スタートは社会保障の充実を税制改革と一体で行うというものだったが、いつの間にか増税が前面に出て、さらに増税策は消費増税に絞られてしまった。最後は、その使い道の大半は借金返済に回されてしまったのだ。しかも、その2度目の消費増税は、安倍首相の判断で2度にわたって延期されている。

「受益と負担」を明確にして、国民の支持を得るためには、この負担増でどのような受益があるのかを明確にする必要がある。

井手氏は、消費税の1%増税（1兆5000億円）で、3―5歳児の幼保無償化（8000億円）と高齢者の介護利用者負担をゼロにする（7000億円）が可能と提言している。[XV]「負担もあるが受益は大きい」ことを見えるようにして打ち出すことの必要性を説いている。住宅政策の転換のための財源や就学前教育・大学教育の無償化も、見える形での負担増を打ち出すことが必要だろう。

〔第6章　注〕

i　野村総合研究所 News Release「日本の富裕層は101万世帯、純金融資産総額は241兆円」2014年11月18日

ii　ドイツの新しい家族政策については、森周子（2016）「ドイツの家族政策――仕事と家族の両立を支援する『持続的な家族政策』への転換」『FORUM OPINION』Vol. 32、NPO現代の理論・社会フォーラム、魚住明代（2007）「ドイツの新しい家族政策」『海外社会保障研究』No. 160、国立社会保障・人口問題研究所などを参照。

iii　本澤巳代子（2009）「『家族のための地域同盟』の現状」本澤巳代子、ベルント・フォン・マイデル編『家族のための総合政策II――市民社会における家族政策』信山社出版

iv　「朝日新聞」2016年10月31日付け「男も育てる」という記事で、日本生命保険などの事例が紹介されている。「取得日数を伸ばすより、100%をずっと続けて会社の風土として定着させることがまずは大事」と、人事担当者の話を掲載している。

v　平山洋介（2016）参照

vi 「日本経済新聞」2016年10月17日付け「列島追跡」
vii 国際通貨基金の日本語版HPに掲載されている。
viii 平山洋介（2009）264頁
ix 「教育費」は授業料、幼稚園保育料、教科書、参考書、塾などである。
x ジェームズ・J・ヘックマン（2015）12頁
xi 「毎日新聞」2016年4月1日付け「論点　5歳児教育費、大阪市無料に」では、大竹文雄・大阪大学教授、吉村洋文・大阪市長、駒崎弘樹・NPO法人全国小規模保育協議会理事長へのインタビューが掲載されている。
xii 前掲「毎日新聞」での駒崎氏の発言。
xiii この場合の「在学費用」は、前出の総務省の物価統計における教育費に通学費用とおけいこごとの費用が加わる。
xiv 井手英策（2015）
xv 「日本経済新聞」2016年6月27日付け「経済教室」

〔参考文献〕

井手英策（2015）『経済の時代の終焉』（岩波書店）
井手英策・古市将人・宮崎雅人（2016）『分断社会を終わらせる——「だれもが受益者」という財政戦略』（筑摩選書）
岩田一政、左三川郁子、日本経済研究センター（2016）『マイナス金利政策——3次元金融緩和の効果と限界』（日本経済新聞出版社）
岩田規久男（2001）『デフレの経済学』（東洋経済新報社）
岩田規久男（2012）『日本銀行　デフレの番人』（日本経済新聞出版社）
岩田規久男、浜田宏一、原田泰（2013）『リフレが日本経済を復活させる——経済を動かす貨幣の力』（中央経済社）
翁邦雄（2013）『日本銀行』（ちくま新書）
菊池博英（2009）『消費税は0％にできる—負担を減らして社会保障を充実させる経済学』（ダイヤモンド社）
厚生労働省（2012）2012版『労働経済の分析』
ジェームズ・J・ヘックマン（2015）『幼時教育の経済学』（古草秀子訳、東洋経済新報社）
白川浩道（2011）『危機は循環する』（NTT出版）
柴田悠（2016）『子育て支援が日本を救う　政策効果の統計分析』（勁草書房）
住宅政策提案・検討委員会（2013）『住宅政策提案』（認定NPO法人ビッグイシュー基金）
白井さゆり（2016）『超金融緩和からの脱却』（日本経済新聞出版社）
須藤時仁、野村容康（2014）『日本経済の構造変化　長期停滞からなぜ抜け出せないのか』（岩波書店）

高田創（2013）『国債暴落　日本は生き残れるのか』（中央公論新社）
田中秀臣（2010）『デフレ不況　日本銀行の大罪』（朝日新聞出版）
内閣府（2016）2016年版『年次経済財政報告』
野口悠紀雄（2014）『金融政策の死　金利で見る世界と日本の経済』（日本経済新聞出版社）
野口悠紀雄（2016）『円安待望論の罠』（日本経済新聞出版社）
蜂谷隆（2015）「東京の都市構造が問われている」（「FORUM OPINION」Vol. 28、NPO現代の理論・社会フォーラム、2015年3月）
蜂谷隆（2016）「『根拠なき楽観』で経済拡大を夢想するアベノミクス」（「進歩と改革」2016年2月号、進歩と改革研究会）
蜂谷隆（2016）「『根拠なき楽観』で的を外すアベノミクス　異次元緩和の失敗のツケは大きい」（デジタル版「現代の理論」第7号）
蜂谷隆（2016）「所得再分配と共助の新しい仕組み」（「現代の理論」Vol. 34、NPO現代の理論・社会フォーラム、2016年秋号）
原田泰（2014）『日本を救ったリフレ派経済学』（日経プレミアシリーズ）
平山洋介（2009）『住宅政策のどこが問題か　〈持家社会〉の次を展望する』（光文社新書）
平山洋介（2016）「『三世代同居促進』の住宅政策をどう読むか」（「世界」岩波書店、2016年4月号）
藤井聡（2010）『公共事業が日本を救う』（文春新書）
藤井聡（2011）『列島強靱化論　日本復活5カ年計画』（文春新書）
藤井聡（2016）『国民所得を80万円増やす経済政策』（晶文社）
増田寛也編著（2014）『地方消滅　東京一極集中が招く人口急減』（中公新書）
松尾匡（2016）『この経済政策が民主主義を救う　安倍政権に勝てる対策』（大月書店）

水野和夫（２０１４）『資本主義の終焉と歴史の危機』（集英社新書）
藻谷浩介（２０１０）『デフレの正体――経済は「人口の波」で動く』（角川Ｏｎｅテーマ）
吉川洋（２０１３）『デフレーション〝日本の慢性病〟の全貌を解明する』（日本経済新聞出版社）
吉川洋（２０１６）『人口と日本経済　長寿、イノベーション、経済成長』（中公新書）
若田部昌澄（２０１３）『解剖　アベノミクス』（日本経済新聞出版社）

おわりに

「増税」がキーワードになるのではないか。個人的には増税はいやだ。それだけ支出を削らなければならないからだ。多くの人もそう思っているだろう。現役世代にとってみれば賃金がろくに上がらない時にとんでもないという気持ちが強いと思う。

しかし、「3増やせば10の見返りがある」としたらどうだろうか。会費は値上げします。でもこれだけのサービスが増えます。ある倶楽部がこんなキャッチフレーズの案内を会員に出せば、案内を受け取った会員は損得を考えるだろう。マンションの管理費、修繕積立金も同じだ。値上げをしても利便性や安全性が高まり、資産価値が上がれば居住者は納得する。税も同じなのではないか。

ちょっと考えるとすぐに分かることだが、全員が「3増やせば10の見返りがある」ということはあり得ない。当然、富裕層や高所得者は逆になるのだが、「10の見返り」を同じにすることがポイントだと思う。もうひとつ。低所得者層にも1でも0・5でも値上げをお願いすべきだ。

こんなことを言えば、「庶民大増税！」と、大反対運動が起こるかもしれない。それ以前に国会議員が及び腰になってしまうだろう。「身を切る改革」とか「まずムダをなくせ！」というもっともらしい、いや「正論」が前面に出てくるに違いない。

しかし、こうした後ろ向きの議論は、「停滞の20年」とほぼ軌を一にしているのである。これは決して偶然ではない。そろそろ卒業する時期が来たのではないかというのが、筆者の主張点のひとつである。

では、必要性があるからといって、何でも増税することはありなのか。これだけ借金を抱えている政府の財政事情からすれば自ずと限度はある。それでも増える福祉・社会保障。筆者はできることは社会で支え合っていく以外ないと考えている。サービス業として整備するだけでなく、町内会、自治会、NPO、市民の会、趣味の会など仲間づくりをボランティアとして行うのである。市民活動の活性化である。「お互い様」の世界である。こうした活動を自治体が支援する。

これには現役を引退した団塊の世代の登場が期待されるが、筆者は現役の人達も地域社会の活動に参加できるようにすべきだと考えている。自宅に寝に帰るだけの生活からの脱却である。長時間労働に対する規制や休暇の保障はこの面からも必要なのだ。

こんな調子で書き続けるともう1章書き起こさなければならなくなるので、ここで止めます。

正直、本を書くことがこんなに大変だとは思わなかったというのが、今の心境である。何度書き直したことか。

日本経済に関心を持って、いくつかの雑誌などに書き始めたのは20年ほど前のことである。一区切りの意味を込めて同時代社の高井隆社長に話したのが２０１６年３月だった。実際に原稿を書き始めたのは９月中旬である。

実を言うと国会議員の政策秘書を辞してから大学院で学び直そうと考えなかったわけではないが、生活を考えればそれもかなわず、自ら立ち上げた「経済分析研究会」などいくつかの研究会での議論が勉強の場であった。「経済分析研究会」で第一線の研究者の講演を聞き、議論をする中で実に多くのことを学んだ。

本書は、筆者にとってこれまでの分析の集大成であるが、同時に新たな出発点でもある。書くことによって課題として浮かんできたことが多々あったからである。だれかに「教えて下さい」と言いたくなるが、おそらくそれは日本経済の抱えている課題でもあるので、簡単に答えられる問題ではないだろう。これから多くの人達と議論しながら答えを見つけていく以外ないと思う。

最後に、本書の企画の段階から関わり、助言、アイデアまでいただいた同時代社の高井社長に感謝を申し上げたい。また、本書の原稿を書き始めてから数ヶ月間、自室に籠もり時々出てきても不機嫌な顔をしている僕をいつも温かく見守ってくれた妻の中村真喜子に最大の感謝をしたい。ありがとう。

2017年2月

蜂谷 隆

著者略歴
蜂谷 隆（はちや・たかし）
1948年生まれ。1971年慶応大学経済学部卒、同年日刊工業新聞社入社、記者、電子メディア担当などを経て、1999年退社。2001年衆議院議員阿部知子政策秘書、2013年退職。2012年にNPO現代の理論・社会フォーラム経済分析研究会を立ち上げ事務局長に就任。現在、経済ジャーナリスト。NPO現代の理論・社会フォーラム理事、季刊誌「現代の理論」編集委員、日本労働ペンクラブ幹事。著書に『それでも外国人労働者はやってくる』（日刊工業新聞社、1991年）『JT多角化経営のゆくえ』（オーエス出版社、1994年）など。

「強い経済」の正体――中間層再生への道を探る

2017年3月10日　　初版第1刷発行

著　者　　蜂谷　隆
発行者　　高井　隆
発行所　　株式会社同時代社
〒101-0065　東京都千代田区西神田2-7-6
電話　03(3261)3149　FAX　03(3261)3237
組　版　　有限会社閏月社
装　幀　　クリエイティブ・コンセプト
印　刷　　中央精版印刷株式会社

ISBN978-4-88683-814-8